Jan Kowalsky
Als Schisser durchs Netz

W0039169

GOLDMANN
Lesen erleben

Jan Kowalsky

Als Schisser durchs Netz

Eine Berg- und Digitalfahrt der Gefühle

Analog illustriert vom Autor

GOLDMANN

Disclaimer
Fake News und Filterblasen, was ist echt, und was ist nur erfunden? Im Netz weiß das keiner so genau. In diesem Buch auch nicht. In Anbetracht der Vielzahl der einschüchternden Eindrücke, die der fragile Autor auf seinen Reisen ins Netz erleiden musste, kann nicht ausgeschlossen werden, dass Handlungen, Charaktere und Dialoge seiner Fantasie entsprungen sind.

Penguin Random House Verlagsgruppe FSC® N001967

1. Auflage
Originalausgabe September 2021
Copyright © 2021 by Wilhelm Goldmann Verlag, München,
in der Penguin Random House Verlagsgruppe GmbH,
Neumarkter Str. 28, 81673 München.
Umschlaggestaltung: UNO Werbeagentur, München, unter Verwendung von Illustrationen von © Jan Kowalsky
Alle Illustrationen im Innenteil: © Jan Kowalsky
Redaktion: Antje Steinhäuser
DF | Herstellung: CF
Satz: Vornehm Mediengestaltung GmbH, München
Druck und Bindung: Litotipografia Alcione Srl, Lavis
Printed in Italy
ISBN 978-3-442-31637-3
www.goldmann-verlag.de

Besuchen Sie den Goldmann Verlag im Netz

Inhalt

Prolog
11

I.
Die Smombie-Apokalypse
13

II.
Kreativtechnik
31

III.
Dr. Google und die Geocacher des Grauens
47

IV.
FOMO
75

V.
Das seltsame Institut der Künstlichen Intelligenz
101

VI.
Digital Detox
121

VII.
Roboterliebe
163

VIII.
Online shoppe uff hessisch
185

IX.
Ist das K. I., oder kann das weg?
207

X.
Surfst du noch, oder lebst du schon?
223

Epilog
251

Danksagung
253

Für meine Frau, die ich liebe:
real, digital, phänomenal

»Die Zukunft war früher auch besser!«

KARL VALENTIN

Prolog

Will sich der Mensch durch Roboter ersetzen lassen? Und wenn ja, warum?«

Das habe ich mich schon öfters gefragt. Insbesondere dann, wenn es mal wieder um eine technische Errungenschaft geht, die unser Leben »leichter« machen soll. Sei es nun durch ein einfaches elektrisches Küchengerät oder gar ein Küchengerät, das eigentlich alles alleine macht, oder gleich eine App, die die Küche gänzlich ersetzt. Und wenn man keine Küche braucht, braucht man ja auch keinen Koch, und ruckzuck ist sie da, die Herrschaft der Maschinen! Zugegeben: Ich war schon immer eher der ängstliche Typ – ganz anders als meine Frau Sarah.

Sie ist die geborene Optimistin, und das muss sie als Ärztin wohl auch sein. Als Tochter eines Dipl.-Ing.s bringt sie obendrein auch noch eine Begeisterung für Technik mit. Angeblich greift ihr Vater im Keller sogar selber zum Lötkolben, wenn das Handy streikt. Wer so aufgewachsen ist wie Sarah, meint natürlich, erkannt zu haben, dass es eigentlich sinnlos ist, sich mit der Frage zu beschäftigen, ob die fortschreitende Digitalisierung nun gut oder schlecht ist, denn sie glaubt fest daran, dass diese unaufhaltsam ist.

Aber zum Glück hat sie ja noch mich. Ich werde sie vom Gegenteil überzeugen.

I.
Die Smombie-Apokalypse

M ach doch mal das Handy aus!«, sagte ich zu Sarah und bekam keinerlei Reaktion. Sie starrte mit voller Konzentration auf das Gerät, als hätte sie mich überhaupt nicht gehört. Das war mir in letzter Zeit schon öfters aufgefallen. Eigentlich war Sarah ein total offener und zugänglicher Typ, aber versunken in den digitalen Sphären ihres Telefons wirkte sie fast apathisch.

»Saaarah!«, versuchte ich es erneut, diesmal etwas lauter. Lediglich die Brauen über ihren Augen, die gebannt aufs Display starrten, regten sich leicht, ansonsten passierte nichts.

Ich hatte mal irgendwo gelesen, dass es im Internet die absurde Idee der Zombie-Apokalypse gibt, bei der eine Armee von Zombies die Weltbevölkerung ausrottet. Dazu gibt es sogar mathematische Statistiken und ein Notprogramm der US-Regierung für den Ernstfall. Das muss man sich mal vorstellen, wo die wahre Bedrohung vom Smartphone ausgeht. Denn erst das verwandelt die Menschen doch in leblose Hüllen. Eigentlich müsste es nicht Zombie, sondern Smombie heißen, halb Smartphone, halb Zombie. Ein Teil dieser Smombie-Apokalypse stand gerade vor mir und rührte sich nicht. Dabei war Sarah eigentlich wie viele Frauen ein Multitaskingwunder. Sie war ja nicht nur beruflich als Ärztin erfolgreich, sondern schmiss mit Leichtigkeit fast die gesamte Orga in unserer Beziehung. Während ich noch über die Effizienz der verschiedenen Waschgänge philosophierte, waren bei ihr schon zwei Maschinen fertig und die Wäsche bereits aufgehängt.

Und jetzt? Smombie-Apokalypse! Obwohl wir doch eigentlich zu unserer abendlichen Einladung bei meinem Arbeitskollegen Gunnar aufbrechen wollten.

»Brauchst du noch lange?«, fragte ich Sarah und zog dabei an dem Band, welches wie der Riemen einer Tasche um ihren Körper hing und nabelschnurartig den Smombie und sein Handy verband.

»Jaja«, antwortete Sarah gedankenverloren, stieß aber gleichzeitig mit einer überraschend geschickten Bewegung meine Hand von der Nabelschnur fort und tippte mit der anderen Hand unbeirrt weiter auf ihrem Telefon. »Ich muss nur noch kurz eine Message schicken. Was machst du denn auch so einen Stress? Du willst da doch gar nicht hin!«

Damit hatte sie allerdings recht. Obwohl ich jetzt drängte, weil es mich nervte, dass Sarah auf ihrem Handy rumspielte, wollte ich wirklich nicht zu Gunnar und seiner nervigen Frau Gabriela. Und ich wollte vor allem nicht in ihr neues Smart Home vor den Toren Pinnebergs. Gunnar war mein Arbeitskollege und ein klassischer Nerd, also ein zwar sehr intelligenter, aber auch sozial schwieriger Computer- und Technik-Fan. Deshalb war es ihm wichtig gewesen, ein Haus auf dem neuesten Stand der Technik zu bauen. Bei den derzeitigen wahnwitzigen Immobilienpreisen ging das aber nur noch in Pinneberg. Genaugenommen ging es auch nicht mehr in Pinneberg, sondern irgendwo in der Pampa außerhalb von Pinneberg. In der Vorstadt der Vorstadt sozusagen. Speckgürtel wäre übertrieben, war das Drumherum doch tendenziell recht mager ausgestattet. Leider auch was die Bahn- und Busverbindung anbelangte.

»Na ja, so kann man das nicht sagen«, sagte ich zu Sarah. »Mich nervt halt die Anfahrt.«

»Dich nervt das Smart House«, antwortete Sarah knapp, ohne von ihrem Handy aufzublicken.

»Smart Home«, verbesserte ich sie. »Und nein, das nervt mich nicht, ich bin schon sehr gespannt!«, log ich.

»Ach komm«, sagte Sarah, die mich jetzt endlich ansah. »Sei

wenigstens ehrlich. Du hast doch überhaupt keinen Bock! Weder auf Gunnar und seine anstrengende Frau und vor allem nicht auf das Smart House oder Home oder wie auch immer. Aber lass uns das Beste draus machen. Du wirst schon sehen, es wird ein wunderbarer Abend!«

Sarah lächelte mich voller Tatendrang an. Der Smombie war verschwunden, und das Handy baumelte an der Nabelschnur vor sich hin. Wahnsinn, wie gut sie mich nach all den Jahren kannte. Unsere gemeinsamen Reisen um die Welt hatten uns erst fast auseinandergebracht, aber letztendlich umso mehr zusammengeschweißt. Sie wusste, was ich dachte und wie sie mich überzeugen musste.

»Hmm«, antwortete ich kleinlaut. »Hast ja recht. Gut, wir machen das Beste draus. Ich hoffe, wir kommen da überhaupt an, ist ja eine halbe Weltreise mit Bahn, Bus und dann noch Taxi ...«

»Stimmt!«, sagte Sarah fröhlich, »aber wer es bis in den entlegensten Winkel von Laos geschafft hat, wird auch irgendwie nach Pinneberg kommen!«

S ie haben Ihr Ziel erreicht!«, tönte die oberlehrerhafte Stimme des Navigationssystems, während das Taxi von dem kleinen Waldweg auf eine Lichtung einbog, auf der es nichts gab außer einer Wiese und einem kleinen Teich, umringt vom dichten Laub der Bäume. Das Taxi kam zum Stehen, der Taxifahrer stellte in aller Ruhe den Motor ab und sagte: »Das macht achtzehn Euro und sechzig Cent.«

Ich war verwundert und fühlte, wie die Nervosität in mir aufstieg. Hier war wirklich nichts, keine Pinneberger Pampa und schon gar kein Smart Home. Ich schaute zu Sarah, die neben mir auf der Rückbank des Taxis saß, welches uns vom Regionalbahnhof hierhergefahren hatte. Sarah wirkte entspannt, schaute auf ihr Handy und tippte seelenruhig.

»Das ist hier doch nicht die neue Rosenfelderstraße!«, machte ich mich bemerkbar.

»Das Navi sagt, wir sind da«, erwiderte der Taxifahrer resolut. Ich schätzte ihn auf Mitte fünfzig, er trug einen Schnurrbart. Den sah ich von hinten natürlich nicht. Ich sah nur seine Tonsur.

»Na hören Sie mal, der Gunnar, der wohnt doch in einer Neubausiedlung«, reagierte ich gereizt von der Rückbank. »Da gibt es Hunderte von Häusern, ich sehe kein einziges, Sie vielleicht?«

»Jetzt werden Sie mal nicht frech!«, entgegnete der Taxifahrer, »das Navi zeigt eindeutig an, dass wir da sind. Hier steht doch: Das Ziel ist erreicht! Können Sie nicht lesen?«

»Doch! Natürlich kann ich lesen«, gab ich genervt zurück, »aber hier ist ja offensichtlich kein Neubaugebiet und auch kein Smart House, oder irre ich mich da?«

»Was weiß denn ich, wo Ihr Smart House sein soll«, antwortete er schroff, »vielleicht da hinten, hinter den Bäumen?«

»Hinter den Bäumen?«, fragte ich und blickte in den dichten Forst. Meine Wut wurde durch ein neues Gefühl ersetzt: Erstaunen. Meinte der Typ das wirklich ernst? Es war doch wirklich eindeutig. Wir waren am Weiher im Wald und nicht in einer riesigen Neubausiedlung vor den Toren Pinnebergs.

»Smart Home«, unterbrach uns Sarah plötzlich.

»Was?«, antwortete ich irritiert, »ist doch jetzt egal.«

»Ist überhaupt nicht egal«, sagte Sarah gut gelaunt. »Du hast mich selber vorhin korrigiert!«

»Jaja«, murmelte ich genervt, »wie du meinst, dann eben Smart Home. Ich bitte Sie«, wandte ich mich wieder an den Taxifahrer und versuchte, mir meinen Stress nicht anmerken zu lassen, »als Taxifahrer hat man doch einen phänomenalen Orientierungssinn. Seien Sie froh in Zeiten von Death by GPS!«

»Des beim GPS? Was reden Sie denn da?«, fragte dieser verwirrt, »mein GPS sagt nur eins und zwar, dass wir da sind. Die Fahrt ist beendet. Ich hätte gerne mein Geld.«

»Jaja. Sie bekommen ja Ihr Geld«, versuchte ich ihn zu beschwichtigen und fing an zu erklären. »Das mit dem Death by GPS, zu Deutsch Tod durchs GPS, ist nämlich so. Seit es Navigationssysteme gibt, verlassen sich immer mehr Menschen darauf, anstatt halt selber auf den Weg zu achten. Und da kommt es tatsächlich vor, dass diese Leute dann so stumpf nach Navi fahren, dass sie im Sumpf landen oder sonst wo und dabei sogar in lebensgefährliche Situationen geraten.«

»Lebensgefährlich sieht das hier ja nun nicht aus«, antwortete der Taxifahrer trocken.

»Wo er recht hat, hat er recht«, stimmte Sarah ihm auch noch zu. Zugvögel zogen am Abendhimmel vorbei. Wahrscheinlich Wildgänse.

»Worauf ich hinauswill«, redete ich unbeirrt weiter, »ist doch, dass man nicht immer da ankommt, wo man hinwill, wenn man sich nur aufs Navi verlässt. Wir sind ja auch nicht da, wo wir hinmüssen.«

»Wo WIR hinmüssen?«, äffte er mich nach, »also WIR, und damit meine ich mich und meinen Bordcomputer, wir wissen das bereits. Hier ist das Ziel!«

»Sie glauben Ihrem Computer also wirklich mehr als Ihrem Verstand?«, gab ich verzweifelt zurück.

»Das ist doch keine Frage des Glaubens«, antwortete er eingeschnappt, ließ die Scheibe runter und zündete sich eine Zigarette an. »Ein Computer irrt nie!«

»Na, wenn Sie da so sicher sind.«

Er rauchte, ich schmollte und schaute dabei aus dem Fenster. Wir sagten einen kurzen Moment nichts. Sarah war wieder in ihrem Handy versunken.

»Wissen Sie«, versuchte ich es nach einer Weile erneut mit Engelszungen, »ich gebe Ihnen ja recht. Computer machen sicherlich unser Leben besser und liefern auch korrekte Ergebnisse. Aber es ist doch eigentlich ganz gut zu wissen, dass wir uns neben der Künstlichen Intelligenz auch auf unsere eigene natürliche Intelligenz verlassen können.«

»Achtzehn Euro sechzig Cent!«, sagte der Taxifahrer.

»Also echt jetzt! Hören Sie mir überhaupt zu?« Langsam wurde ich sauer. »Vielleicht ist es doch eine Frage des Glaubens! Sich blind auf die Technik zu verlassen, wird uns noch sonst wo hinführen. Aber sicherlich nicht dahin, wo wir hinwollen!«

»Regen Sie sich ab«, auch er wurde jetzt lauter. »Entweder Sie steigen aus, oder ich fahre Sie zurück zum Bahnhof!«

»Wieder zurück! Das sehe ich überhaupt nicht ein. Geben Sie es ruhig zu, dass Sie sich verfahren haben!«

Auf einmal meldete sich Sarah zu Wort. Sie schaute von ihrem Handy auf und sagte gewohnt entspannt: »Ich habe das mal auf Google Maps angeschaut. Das Neubaugebiet liegt …«

»Misch dich jetzt nicht ein«, unterbrach ich sie schroff. »Wir klären das schon!«

»Na hör mal«, echauffierte sie sich, aber im gleichen Atemzug ging überraschenderweise der Taxifahrer dazwischen.

»Lass deine Frau doch mal ausreden, du Lümmel!«, sagte der Schnurrbartträger. Was hatte der denn für ein Problem, mich derart von oben herab zu behandeln, und Lümmel, was war das überhaupt für ein Wort, das hätten noch nicht einmal meine Eltern benutzt, so asbach klang das. Während ich innerlich kochte, weil mir der Taxifahrer den Mund verbat, machte Sarah das, was sie immer machte: Sie löste das Problem. »Also noch einmal«, sagte sie und sah mich dabei streng an. »Ich habe das auf Google Maps angeschaut. Das Neubaugebiet liegt auf der anderen Seite vom Wald. Wir müssen lediglich die Straße ein kleines Stück zurück. Wir haben eine Abbiegung zu spät genommen.«

»Damit kann ich arbeiten!«, sagte der Taxifahrer zu meinem großen Erstaunen, ließ den Motor an und fuhr los.

»Und du beruhigst dich jetzt mal«, sagte Sarah streng zu mir. »Wenn du so weitermachst, stirbst du nicht durch das falsche GPS-Signal, sondern durch einen Herzinfarkt!« Und nach einer kurzen Pause schob sie lächelnd hinterher: »Du Lümmel!«

Wenige Minuten später standen der Lümmel und der Smombie vor dem Smart Home von Gunnar und Gabriela inmitten der schachbrettartig angelegten Neubausiedlung. Es wirkte ungewöhnlich düster. Ich hatte mir bei einem Smart Home einen Bewegungssensor am Eingang vorgestellt oder zumindest irgendein Licht, aber während alle anderen Häuser in der Reihe einladend beleuchtet waren, standen wir im Dunkeln. Zudem wurde ich das Gefühl nicht los, dass wir durch die kleine schwarze Kugel über der Tür beobachtet wurden. Ich klingelte, und in der schwarzen Kugel begann ein rotes Licht zu leuchten. Ansonsten passierte nichts. Wir warteten einen Moment, und ich klingelte noch einmal. Immer noch nichts.

»Komisch«, sagte Sarah. »Bist du dir sicher, dass wir heute verabredet waren? Es sieht so aus, als wäre gar keiner zu Hause.«

»Absolut sicher«, sagte ich. »Ich habe heute im Büro noch mit Gunnar darüber gesprochen. Ich gehe mal in den Garten gucken.«

In diesem Moment öffnete sich mit einem leisen Klicken die

Tür und schwang langsam wie von Geisterhand auf. Auch von innen kam uns kein Licht entgegen. Ganz im Gegenteil, durch den gemächlich immer größer werdenden Türspalt sahen wir ausschließlich Finsternis. Die Tür stand nun offen und gab den Blick frei auf das Schwarz, in dem sich das Wohnzimmer vermuten ließ. Wir standen peinlich berührt im Eingang. Von Gunnar und Gabriela keine Spur.

»Tatata!«, hörten wir Gunnar plötzlich laut rufen, und dann wurden wir derart geblendet, dass wir vor Schmerzen die Augen zu Schlitzen zusammenkniffen. Schemenhaft sah ich Gunnar, der sich gemeinsam mit Gabriela hinter dem Sofa versteckt hatte und jetzt mit einem dramatischen Sprung auftauchte. Stolz hielt er sein Handy hoch. Das ganze Haus erstrahlte in tausend bunten Farben, die aus jedem Winkel zu kommen schienen und uns fürchterlich blendeten.

»Herzlich willkommen auf der Enterprise«, schmetterte uns Gunnar theatralisch entgegen, nachdem er das Licht per Smartphone-App wieder gedimmt hatte, wir aber trotzdem noch einen Moment brauchten, bis die Reflektionen auf der Netzhaut verschwunden waren. Ich konnte an Sarahs Blick ablesen, dass sie die Begrüßung genauso albern fand wie ich, aber sie spielte das Spiel mit. Es blieb uns ja auch nichts anderes übrig.

»Hier! Schau mal, das ist die Schaltzentrale«, polterte Gunnar direkt los, ohne dass wir irgendetwas sagen konnten. Er hielt mir das Handy vor die Nase und zeigte mir sein Display, auf dem mikroskopisch klein Hunderte von Apps zu sehen waren.

»Ich kann gar nix erkennen«, entgegnete ich, »ohne Brille.«

»Brille? Die Augen hab ich schon vor Jahren lasern lassen!«, sagte Gunnar beiläufig, als wäre diese, wie ich fand, doch recht risikoreiche Augenbehandlung das Normalste von der Welt. »Pass mal auf. Ich kann sogar jedes Licht einzeln ansteuern!«

Gunnar drückte auf seinem Handy rum, die Lichtleiste unter dem Sofa wurde heller, und der Farbton wechselte von einem warmen Weiß zu einem grellen Orange.

»Sehr schön«, kommentierte ich knapp. Das Sofa hatte mit der vorherigen Beleuchtung tatsächlich recht geschmackvoll gewirkt, mit dem orangenen Licht wirkt es plötzlich billig und stillos. »Zum Beispiel bei der Küchenbeleuchtung …«, laberte Gunnar ohne Punkt und Komma weiter und wollte mich mit in die Küche nehmen.

Parallel dazu hörte ich aber, wie Gabriela fast etwas hysterisch laut rief: »Schuhe aus, mein Lieber. Wir sind ja hier nicht mehr in eurer Studentenbutze!«

»Na hör mal …«, wollte ich mich rechtfertigen, merkte aber, dass das eigentlich keinen interessierte.

»Die Schuhe kommen hier hin. In diese Tür unter dem Lieferkühlschrank«, erklärte Gabriela und machte eine kleine Tür in der Haustür auf, die ich gar nicht bemerkt hatte. Hinter dieser kam ein kleiner Kühlschrank zum Vorschein, welcher auch von außen per Chip zugänglich war, damit dort der Lieferdienst in Abwesenheit die frischen Lebensmittel verstauen konnte. Unter dem kleinen Kühlschrank gab es eine weitere Tür zur Schuhablage, auf die Gabriela deutete, damit ich dort meine Schuhe reinstellen konnte.

»Also wir lassen nur noch liefern«, erklärte Gabriela überheblich. »Das lästige Einkaufen ist für uns Schnee von gestern.«

So lästig empfand ich Einkaufen gar nicht. Ganz im Gegenteil, ich liebte es, durch den Supermarkt zu schlendern und immer wieder etwas Neues zu entdecken. Sarah war da anders, sie machte immer den Großeinkauf »einmal alles«, wie sie es nannte. Das wirkte stressig. Ob der Lieferdienst für sie vielleicht auch eine Entlastung wäre? Aber konnte man das wirklich mit seinem Gewissen vereinbaren, sich noch mehr liefern zu lassen? Und passte »einmal alles« überhaupt in diesen kleinen Kühlschrank rein? Ich wollte Gabriela direkt fragen, wie das gehen sollte, oder ob der Lieferdienst dann mehrmals die Woche kommen musste, aber Gunnar wollte mir ja irgendwelche Lampen in der Küche zeigen und ließ einfach nicht locker.

»Schau mal hier«, sagte er, als wir in der Küche ankamen. »Je nachdem, wer in der Küche ist, kann entweder die Lampen in ein warmes gedimmtes Licht verwandeln, so mag es Gabriela. Oder in ein kaltes helles Weiß, so mag ich es. Im Arbeitsbereich muss man die Dinge ja schließlich sehen können!«

»Und wenn ihr beide in der Küche seid?«, fragte ich, aber Gunnar überhörte mich und klopfte einfach demonstrativ an den Kühlschrank, dessen massive Tür sich nun als Bildschirm entpuppte, der den Inhalt zeigte, ohne dass man die Tür öffnen musste. Das war schon beeindruckend.

»Der Kühlschrank weiß natürlich auch, was nachbestellt werden muss, und funkt dann automatisch den Lieferdienst an«, erklärte Gunnar, »und er weiß auch, für welche Gerichte die Reste noch gut verwendbar sind und kann dann diese Daten direkt an die Küchenmaschine Thermomix weitergeben. Der kocht dann alles fast wie von selbst!«

Neben mir öffnete sich plötzlich ein Fenster.

»Sensoren!«, sagte Gunnar. »Die überwachen alles. Tür- und Fenstersensoren, Bewegungssensoren, Wassersensoren. Ich habe sogar Stromsensoren, die mir auf meinem Smartphone anzeigen, wie viel Strom jede einzelne Steckdose verbraucht. Und wenn zum Beispiel mal ein Computerkabel nass wird, dann merkt das auch ein Sensor, und die Steckdose wird deaktiviert. Da ist man immer voll abgesichert. Das muss doch was für dich sein, als Schisser?«

Wie ich das Wort hasste. Ich war um die halbe Welt gereist,

um meine Ängste loszuwerden, aber das Wort klebte immer noch an mir wie Kaugummi. Aber ganz unrecht hatte Gunnar ja auch nicht. Der Gedanke, dass die ganze komplizierte Haustechnik sich selber überwacht und einen vor Feuer und anderen Gefahren schützt, klang schon beruhigend.

»Mal schauen«, antwortete ich, etwas zurückhaltend.

»Aber das hier, das brauchst du auf jeden Fall!«, fuhr Gunnar fort. »Das ist das Beste. Unsere neue Kaffeemaschine! Ein selbstlernendes System, das nach längerer Trainingsphase nun den perfekten Kaffee braut. Die Maschine weiß genau, wie ich meinen Espresso trinke und Gabriela ihren Hafermilch Latte Macchiato Double Shot.«

Gabriela und Sarah kamen genau in diesem Moment in die Küche.

»Und manchmal, wenn ich nach Hause komme, überrascht mich Gunnar direkt mit einem perfekt gebrühten Macchiato«, ergänzte Gabriela, »er weiß ja immer genau, wenn ich da bin.«

»Das ist toll«, sagte Sarah und schaute mich von der Seite an, »so aufmerksam ist nicht jeder.«

»Na ja, die Technik hilft ihm ja ein bisschen auf die Sprünge«, versuchte Gabriela, die Situation ein bisschen erträglicher für mich zu machen. »Wir tracken uns ja jetzt. Gunnar kennt immer meine genaue Location. Und wenn er sieht, dass das Auto sich nähert, gibt er der Maschine Bescheid.«

»Ihr trackt euch?«, fragte ich ungläubig, als hätte ich mich verhört.

»Ja klar«, antwortete Gunnar, als wäre das vollkommen selbstverständlich. »Ihr etwa nicht? Gabriela liiiebt ihren Überraschungskaffee, und ich sag ja immer: Happy wife – happy life!«

Ich hasste diesen Spruch. Gunnar drückte einen Knopf, und die Kaffeemaschine sagte: »Hallo Gunnar, schön dich zu sehen.«

Sprechen konnte die also auch noch. Wozu brauchten sie in diesem Haus eigentlich Besuch, die könnten sich doch genauso gut mit ihren Maschinen unterhalten.

»Na ja, manchmal ist die Technik doch ganz schön anfällig«, räumte Gabriela ein. »Neulich habe ich Gunnar zur Bahn gebracht, und dann habe ich noch kurz im Auto gewartet, bis der Zug abfährt. Plötzlich sehe ich auf dem Screen, dass zwar der Zug aus dem Bahnhof abgefahren ist, aber der Tracking Punkt immer noch am Bahnhof blinkte. Ich bin dann voll in Panik geraten und habe gedacht, Gunnar hätte das Handy vielleicht auf den Gleisen verloren oder so was! Ich stand ja im Halteverbot, bin aber sofort raus in den Nieselregen und hoch auf den Bahnsteig. Aber da war weder Gunnar noch das Handy. Dann hab ich ihn angerufen, und er saß natürlich trocken in der Bahn … zum Glück mit seinem Telefon.«

»Ja, da hat das Tracking irgendwie gesponnen«, sagte Gunnar, und beide lachten fröhlich über ihre kleine App-Anekdote.

»Den Stress hätte man sich auch sparen können, oder?«, meinte Sarah sichtlich verwundert. »Mit dem Taxi hatten wir aber gerade ein ähnliches Thema, da hat das GPS auch irgendwie nicht richtig funktioniert.«

»Shit happens«, kommentierte das Gunnar knapp und fügte hinzu: »Komm, wir zeigen euch noch das Bad.«

Das Fenster neben mir schloss sich wieder, wie von einer unsichtbaren Kraft bewegt, mit einem kaum hörbaren Klick. Diesmal scheinbar ganz ohne Gunnars Zutun. Irgendwie gespenstisch. Wir gingen gemeinsam nach oben.

»Das ist das Schlafzimmer«, zeigte uns Gabriela ein weiteres Zimmer, dessen Tür sie einen Spalt öffnete, »da gibt's noch keine Smart-Home-Hilfen«, kicherte sie albern.

»Außer Kohlenstoffmonoxid-Konzentration-Messung, Smartphone-gesteuerte Temperaturregelung, Luftfeuchtigkeitsüberprüfung und ein spezieller Filter, der die Luftbelastung durch Pollen anzeigt«, flüsterte mir Gunnar zu.»Gabriela ist nämlich allergisch.«

Ich schaute ihn mit großen Augen an, dann gingen wir weiter den Gang hinunter bis zum Badezimmer, welches zwar etwas klein für vier Personen war, aber irgendwie passten wir doch alle rein.

»Im Boden ist die Waage schon integriert«, sagte Gunnar, der vor dem Waschbecken stand, »und wenn ich morgens Zähne putze, wird mir mein Gewicht automatisch hier im Spiegel angezeigt.« Der Spiegel zeigte eine Kurve, die über den Zeitverlauf immer mehr nach oben ging.

»Jetzt habe ich ja Klamotten an«, sagte Gunnar zu seiner Verteidigung, » aber ich geb's zu, der Thermomix ist der beste Koch im Haus.«

Gabriela schaute etwas bedröppelt, weil Gunnar ihre Kochkünste offenbar nicht zu würdigen wusste. Genau genommen war sie ja der Bediener der Kochmaschine. Aber anstelle das richtigzustellen, zeigte sie Sarah lieber die Waschmaschine.

»Schau mal. Das ist unsere neue, die kann jetzt sogar Gunnar bedienen«, sagte Gabriela zu Sarah und gab ihm direkt eine kleine Retourkutsche. Danach öffnete sie das Wäschefach. »Die erkennt selbstständig die Stoffe und weiß dann ganz automatisch, wie viel Pulver sie nehmen soll und welche Temperatur die optimale ist. Gunnar braucht dann alles nur noch in diese Klappe zu schmeißen.«

Beeindruckend, dachte ich, damit könnte ich Sarahs Multitasking glatt Konkurrenz machen. Wir gingen zurück in den Flur.

»Und was ist das hier für ein Zimmer?«, fragte Sarah und zeigte auf die Tür, die neben Bad und Schlafzimmer lag. Es gab eine kurze Pause, und Gunnar und Gabriela sahen sich verliebt an. Dann sagten sie zeitgleich:»Kinderzimmer!«

Wir wussten es noch nicht, und die Freude war natürlich groß.

Wir nahmen uns in den Arm und beglückwünschten die beiden werdenden Eltern. Eine so tolle Nachricht ließ uns sofort vergessen, dass sich hier alles doch etwas schräg anfühlte. Leider währte die Idylle nicht lang.

Denn kurz darauf, als wir im Esszimmer saßen, musste Gunnar nämlich fünfzehn Minuten »die Bridge neu starten«, da die Lampe über dem Esstisch erst nicht auf sein Handy reagierte. Nach einer ziemlich langen Weile leuchtete die Lampe nun wunderbar vor sich hin. Nicht zu grell und nicht zu warm. So schien sie Gunnar und Gabriela gleichermaßen zu gefallen, ein Kompromisslicht sozusagen. Ein Banause hätte den Unterschied zu einer normalen Glühbirne womöglich gar nicht erkannt.

»Wow. Das Risotto ist ja fantastisch«, bemerkte ich und genoss den perfekt gekochten Reis, der sich mit knackigem grünen Spargel, Birnen, Walnüssen und einer Honignote zu einem außergewöhnlich leckerem Geschmackserlebnis verband.

»Thermomix!«, sagte Gunnar. »Warte mal auf den Nachtisch. Auch die Zabaione rührt die Maschine besser als ein Mensch. Das sagen sogar Sterneköche.«

»Ähnlich modern wie bei der Technik«, wechselte Gabriela geschickt das Thema, »gehen wir auch die Namensfindung für das Baby an.«

»Wir halten nichts davon, den Namen geheim zu halten«, ergänzte Gunnar. »Ganz im Gegenteil, wir beziehen andere da mit ein, holen uns Anregungen und Tipps. Ähnlich wie im Netz. Da wird man ja in Foren auch häufig fündig.«

»Ja, aber ist so ein Kindername nicht eine ziemlich individuelle Sache?«, fragte Sarah vorsichtig. »Der soll doch in erster Linie euch gefallen.«

»Sicher, sicher!«, antwortete Gunnar, »aber ein paar Kriterien sollte er schon genügen.«

»Kriterien?«, fragte ich etwas zurückhaltend nach.

»Klar!«, meinte Gunnar. »Bedeutung, Aussprache, Gender-Neutralität, Internationalität, wird doch immer wichtiger heutzutage.«

»Soso«, gab ich zurück. »Gibt es denn schon Ideen?«

»Siri«, sagte Gabriela.

»Siri?« Sarah verschluckte sich fast an ihrem Wein, der wirklich perfekt temperiert aus dem dazugehörigen Fach des intelligenten Kühlschranks kam.

»Siri«, ließ Gabriela uns wissen, »ist ein schwedischer Namen und hat die Bedeutung: schöner Sieg oder die schöne Siegerin. Außerdem ist der Name perfekt international aussprechbar. Das sind doch die besten Voraussetzungen für die Globalisierung oder etwa nicht?«

»Ja … aber«, fragte ich begriffsstutzig. »Und Apple? Die Stimme da, die heißt doch auch Siri.«

»Das haben wir auch schon diskutiert«, erwiderte Gunnar. »Auf unserer Pro- und Contra-Liste überwiegen aber ganz klar die positiven Seiten.«

»Mag schon sein. Und es ist ja auch ein sehr schöner Name«, wagte Sarah möglichst sanftmütig einen weiteren kritischen Vorstoß. »Aber andere Kinder haben ja später keine Pro- und Contra-Liste, und da könnte ich mir schon vorstellen, dass es schwierig wird, wenn man so heißt wie eines der weltweit am meisten genutzten Sprach-Interfaces. Ihr würdet euer Kind doch auch nicht Alexa nennen?«

Gunnar und Gabriela schauten sich kurz an. Dann sagte er: »Passte von den Kriterien eigentlich ganz gut. Aber wir nutzen Alexa ja auch hier im Haus, das hätte ja dann Probleme gegeben. Alexa, bitte mach die Hausaufgaben. Wer macht die denn dann, das Kind oder der Smartspeaker?«

Sarah und ich guckten uns ungläubig an, in dem Moment brachen Gabriela und Gunnar in Gelächter raus.

»Reingefallen!«, freute sich Gunnar.

»Auf so eine verrückte Idee würden noch nicht einmal wir kommen«, räumte Gabriela ein, »selbst wenn wir zugeben müssen, dass wir schon einmal eine Namensapp ausprobiert haben.«

Sarah und ich lachten gequält mit. Es war beruhigend zu wissen, das Gunnar und Gabriela nicht wirklich so verrückt waren, ihr Kind Siri oder Alexa zu nennen, aber dennoch wirkten die beiden und ihr intelligentes Haus irgendwie schräg. Mit weiteren Gläsern des wirklich ausgesprochen perfekt temperierten Weines wurde der Abend aber trotzdem noch ganz nett, und als wir aufbrachen und noch einmal an der Hightech-Tür vorbeikamen, musste ich innerlich richtig lachen, als ich das Schild sah, das auf deren Rückseite hing und welches ich bei der Ankunft gar nicht bemerkt hatte:

Home Smart Home

Später am Abend lagen wir im Bett, und ich ließ den speziellen Abend vor meinem geistigen Auge noch einmal Revue passieren. Was für ein Irrsinn, das Haus schien Gabriela und Gunnar besser zu kennen als sie sich selbst. Wo das Ganze wohl noch hinführte. Würde irgendwann der Kühlschrank zur Heizung sagen »mir ist kalt« und sich die Heizung daraufhin erwärmen? Darüber musste ich schmunzeln. Ich schaute rüber zu Sarah, die bereits seelenruhig schlief. Sie war nicht mir zugewandt, sondern dem kleinen Beistelltisch neben unserem Bett. Darauf lag ihr Handy, auf dem sie selbst direkt vorm Schlafengehen noch eifrig getippt hatte. Jetzt thronte es auf einem Stapel Bücher und wartete darauf, als Wecker den nächsten Tag einzuläuten. Sie war wirklich ein Smartphone-

Zombie. Ich nahm kurzerhand mein Skizzenbuch zur Hand und widmete dem Smombie ein kleines Gedicht:

Das Hohelied der Smombie-Apokalypse

Zärtlich streicht mich deine Hand
Verbunden immer mit dem Band
der Lust zum nächsten Like
Friends, Follower, es ist so weit
Die Welt verstummt
Nur das Handy summt
Entfesselt alle Technik-Triebe
Für den Smombie ist es … Liebe

II.
Kreativtechnik

Hatte er Augen im Hinterkopf? Wie in aller Welt hatte Herr Dr. Liebermann gesehen, dass ich aufs Handy geschaut hatte? Lautstark hatte er mich ermahnt, mein Mobiltelefon wegzulegen. »Smartphone-freie Zone«, hatte er sich echauffiert, während er immer noch auf dem langen Konferenztisch im Meetingraum stand und am Beamer herumfummelte. Gunnar stand hilflos daneben. Ich bin mir sicher, er hätte das Problem im Handumdrehen gelöst, aber Herr Dr. Liebermann wollte es ja unbedingt alleine machen. Er versuchte nun bereits seit einer halben Stunde, den Projektor zum Laufen zu bringen. Ich musste dabei an einen Online-Artikel zum autonomen Fahren denken, den ich neulich gelesen hatte. Wenn man noch nicht einmal einen Beamer angeschlossen bekam, würde bis dahin sicherlich noch einige Zeit vergehen.

»Machen Sie den Kopf frei! Lassen Sie Ihren Gedanken freien Lauf und bringen Sie Ihre kreativen Kräfte in Wallung«, rief Herr Giebelstein einige Zeit später euphorisch der grauen Menge starr und ungläubig blickender Augenpaare entgegen. Sein blau-lila changierender Anzug schimmerte dabei surreal im faden Halogenlicht des Konferenzraumes, in dem unsere Abteilung saß und ihm zuhörte. »Beim Brainstorming ist alles erlaubt! Sagen Sie einfach, was Sie denken!«

»Vollidiot«, hörte ich mich sagen.

Und auch wenn es nur meine Gedankenstimme war, wünschte ich mir insgeheim, ich hätte das wirklich gesagt. Ich konnte einfach nicht glauben, was hier vor sich ging. Wie war Dr. Liebermann nur auf die Idee gekommen, mitten in den stressigsten Wochen des Jahres einen externen Kreativtrainer zu buchen? Wir verplemperten doch tatsächlich unsere wertvolle Zeit mit der Ideenfindung für den Abteilungsausflug, von Dr. Liebermann auch gerne als *Offsite* bezeichnet. Denglisch! Noch so eine Unzumutbarkeit des modernen Büroalltags. Wenn ich das Wort schon hörte, lief es mir kalt den Rücken runter.

Immerhin hatte er, Dr. Liebermann, den Beamer nach langem wahllosem Drücken irgendwelcher Knöpfe und einem dezenten Hinweis von Gunnar gestartet. Er hatte darauf bestanden, es selber zu machen, offensichtlich um diesem Kreativtrainer Herrn Giebelstein zu imponieren. Dieser hatte nämlich bereits an alle Teilnehmer nagelneue iPads verteilt, und unser Chef wollte wohl besonders technisch-versiert und modern erscheinen. Ausgerechnet Herr Dr. Liebermann in seinem alten Tweedsakko! Dieses hatte er nun über einen Stuhl gehängt und verkündete mit hochgekrempelten Ärmeln: »Offsite!« Da war es wieder, dieses Wort. Ich spürte, wie sich mir die Nackenhaare aufstellten.

»Denken Sie daran, es geht um unser Offsite!«, wiederholte Dr. Liebermann.

Gunnar nickte ihm zu, der alte Schleimer.

»Top deluxe«, bestätigte ihn Giebelstein. »Danke für dieses tolle Kreativ-Sprungbrett!«

Kreativ-Sprungbrett? Hatte er das wirklich gesagt? Es wurde ja immer besser. Unterm Tisch zückte ich vorsichtig mein Handy und schrieb Sarah eine kurze Message:

> Völlig irre hier. Alle inkontinent.

> Inkontinent? Na, da sollen die mal in meine Praxis kommen 😂

> Inkompetent meinte ich natürlich.

Noch nicht mal mein Handy verstand mich. Blödes Gerät. Ich ließ es wieder in der Tasche verschwinden. Giebelstein wendet sich gerade der trägen Truppe zu, die unsere Abteilung darstellte: gelangweilte und müde Blicke aus regungslosen Gesichtern, davor die unangetasteten iPads, auf denen das Logo der Brainstorming App Mindmap blinkte. Die Einzigen, die sich zu freuen schienen, waren Smart-Home-Schleimer Gunnar, die Auszubildende Jill, die sich sowieso den ganzen Tag nur mit Apps beschäftigte, Dr. Liebermann, der vor Aufregung schon ganz rote Backen hatte, und eben dieser unerträgliche Herr Giebelstein.

»So, Leute«, rief dieser uns nun mit leuchtenden Augen zu und hielt sein iPad in die Luft, »jetzt wollen wir mal loslegen!«

»Unser heutiges Brainstorming machen wir natürlich digital!«, erklärte er begeistert. »Das Tablet gibt Ihnen die Möglichkeit, völlig frei an die Sache ranzugehen und erst einmal alle Ideen zu sammeln. Die Einfälle der Kollegen werden dabei zeitgleich auf Ihrem Bildschirm angezeigt, davon können Sie sich dann inspirieren lassen. So bringen Sie noch mehr gute Gedanken zu Papier!«

»Pardon, auf den Screen«, ergänzte er und lachte dabei übertrieben schrill.

Alle nahmen die iPads zur Hand. Mein Kollege Achim, der neben mir saß, beugte sich zu mir rüber und flüsterte:»Na, hat dich die Musik schon geküsst?«

»Muse, Achim, Muse!«, flüsterte ich zurück. So sehr Achim Redewendungen liebte, so wenig konnte er sich diese leider merken. Das war aber nicht sein Problem, sondern das der anderen. »Muse?«, flüsterte Achim nämlich uneinsichtig zurück,»was soll das denn sein? Das kann doch nicht stimmen.«

»Weiß ich jetzt auch nicht genau, woher das kommt«, wendete ich mich ihm genervt zu. Achim schaute mich skeptisch an.»Auf jeden Fall heißt es nicht Musik!«

»Musik!«, wiederholte Giebelstein laut.»Eine erste Idee. Wunderbar! Ich zeige Ihnen, wie Sie diese gleich auf Ihrem iPad eingeben. In der Mitte sehen Sie dafür einen Kasten, dort können Sie alle Ihre Ideen mit dem Pencil eintragen. Oben links sehen Sie eine weitere Box, hier werden Ihnen dann die Einfälle Ihrer Kollegen angezeigt.«

Er kritzelte mit dem elektronischen Stift auf dem iPad rum. Ich klickte parallel ebenfalls auf das Mindmap-App-Logo auf meinem Tablet, es verschwand, und dafür erschienen die beiden besagten Felder. In dem einen erschien das Wort»Musik«, welches Giebelstein gerade eingegeben hatte. Oben rechts war noch ein weiteres Feld zu sehen, eine digitale Zeitanzeige.

»Los geht's«, rief Giebelstein, und die angezeigten fünf Minuten fingen an, rückwärtszulaufen.

Ich schaute ratlos auf den Screen. Das Erste, was mir einfiel, war Kegeln. Aber konnte man so einen Vorschlag wirklich machen, ohne alt und angestaubt zu wirken? Die Auszubildende Jill würde sich doch schieflachen und denken, hier arbeiten nur alte Leute. Plötzlich tauchte unter Giebelsteins Wort ein weiteres auf: ›Weinprobe‹. Hatten wir zwar schon letztes Jahr, dachte ich, aber warum eigentlich nicht? Schließlich war es ein netter Abend gewesen, obwohl es ein bisschen lahm losgegangen war. Aber mit steigendem Pegel waren auch die Kollegen aufgetaut. Als Achim vom Klo zurückgekommen war und sich jemand auf seinen Platz gesetzt hatte, war eine laute, aber lustige Diskussion darüber entstanden, ob »Weggegangen, Platz gefangen« tatsächlich das richtige Sprichwort war. Plötzlich erschrak ich und wurde von einer Art Gong aus meinen Gedanken gerissen. Die Zeit war bereits um. Hoppla, das ging schneller als gedacht. Auf dem iPad waren nur zwei Vorschläge zu lesen. Das von mir nicht ganz ernst gemeinte ›Musik‹ und die ›Weinprobe‹. Mit Letzterem konnte ich wunderbar leben und war deshalb positiv überrascht über diese schnelle und unkomplizierte Lösung aus dem Computer. Das sah Giebelstein leider völlig anders.

»Na ja!«, presste er durch die Lippen. »Das war ja selbst für den ersten Versuch eine ziemliche *under performance*. Da wollen wir Ihrer Kreativität mal ein bisschen auf die Sprünge helfen. Ich schalte nun eine weitere Funktion frei, bei der Sie nicht nur selbst neue Einfälle hinzufügen können, sondern eine Künstliche Intelligenz Ihnen unter die Arme greift.« Er tippte wieder auf dem iPad rum. »Gleichzeitig nimmt diese auch eine Bewertung der Vorschläge anhand Ihrer Persönlichkeitsprofile vor.«

Wie bitte?, dachte ich empört. Totale Überwachung! So fing das immer an. Spielerisch. Ein Klick hier, ein Klick da, und was man als Nächstes liest, ist, Kunden, die dies gekauft haben, kauften auch jenes. Und bei der Arbeit? Leute, die bei einem Brainstorming folgenden Vorschlag machen, sind effektiver und passender als andere? Was ist mit Leuten, die ›Kegeln‹ vorschlagen? Ich sah schon den Satz im Zeugnis. »Ein geselliger Mitarbeiter, immer sehr bemüht – im Rahmen seiner Möglichkeiten …«

Ich blickte zurück auf meinen Screen. Auf dem iPad war or-

dentlich Bewegung. Von links oben kamen immer neue Vorschläge rein:

Kanutour

Kochkurs

Minigolf

Das klang nicht nach K. I., sondern eher nach meinen Kollegen.
Die Künstliche Intelligenz überzeugte eher mit denglischen Aktionen, ganz in Giebelsteins Sinne:

Escape Room

Team Drumming

Lasertag

Lasertag? Das war ja wohl ein Scherz. Ich schaute in die Runde.
Mein Blick fiel auf Gunnar, der offensichtlich mit großer Freude
dabei war. Wer ein Smart Home hat, der macht natürlich auch mit
der Künstlichen Intelligenz gemeinsame Sache, war ja klar. Langsam nahm der Stress zu. Was konnte ich schreiben, damit mich
die K. I. nicht direkt als *Under Performer* ausmusterte, wie es Giebelstein genannt hatte. Aus lauter Verzweiflung schrieb ich ›Kart
Fahren‹ rein. Das machte mir zwar keinen Spaß, aber zumindest
würde die K. I. mich als sportlichen und kompetitiven Mitarbeiter
einordnen. Mein Wort erschien zwischen Meditationskurs, Tee-
Zeremonie und Influencer-Video-Workshop. Letzteres konnte nur
Jill geschrieben haben. Sie war ja schon immer der Meinung, die
Ausbildung bringe nichts, da ihr sowieso eine erfolgreiche Karriere
auf YouTube bevorstand. Ob das Kart Fahren meiner Karriere
auf die Sprünge helfen würde, war allerdings mindestens genauso
unwahrscheinlich. Obwohl, wer wusste das schon? Vielleicht

erkannte der Computer einen Match, und ich war der Einzige, der noch nicht wusste, dass Kart Fahren eigentlich prima zu mir passte, so eine Art vorausschauende Selbstoptimierung sozusagen.

Hochseilgarten.

Das Wort erschien auf dem Bildschirm und aktivierte in Sekundenschnelle mein Panikzentrum. »Ach du Schei-«, schoss mir durch den Kopf. Maximaler Horror. Mit Höhenangst in den Hochseilgarten glich eher einer Selbstmordmission als Selbstoptimierung. Ich musste etwas dagegenhalten. Krampfhaft überlegte ich, mit was ich der Künstlichen Intelligenz Paroli bieten konnte.

›Kickerturnier‹ schrieb ich auf das iPad und hörte ein zustimmendes Gemurmel im Kreis der Kollegen, als mein Vorschlag auf ihren Geräten erschien. Selbst Gunnar schien das zu gefallen.

›Segeln‹, konterte die K.I. Etwas hochgestochen für meinen Geschmack, aber, gemessen an den zustimmenden Nickern in der Runde, offenbar ein ernst zu nehmender Vorschlag meines neuen virtuellen Gegners. Aber so schnell würde ich natürlich nicht aufgeben. Hier stand schließlich einiges auf dem Spiel.

Plötzlich vibrierte mein Handy in der Hosentasche. Eine Message von Sarah.

> Wann kommst du heute raus?

> Kann grad nicht. Verteidige die Menschheit gegen die Maschinen

Ich ließ das Mobiltelefon verschwinden und schaute wieder auf den Screen. Immer noch blinkte dort ›Segeln‹. Die Zeit war kurz vorm Ablaufen. Jetzt kam es darauf an. Ich musste meinen entscheidenden Move machen.

›Stand-up Paddling‹ schrieb ich auf das iPad und fügte hinzu ›mit Grillen‹. Ein Raunen ging durch die Menge. Dann ertönte der Gong. Die Zeit war um. Der Stress fiel von mir ab, und ich lehnte mich zufrieden im Stuhl zurück. Einem Holzkohlegrill, auf dem es genüsslich brutzelt, dem kann einfach keiner widerstehen. Wenn ich nur an den Geruch dachte, lief mir bereits das Wasser im Mund zusammen. In dem Moment vibrierte es wieder. Sarah hatte scheinbar auf meine Message geantwortet:

> Soso. Wir wollten doch gemeinsam zu IKEA?

> Fahr schon mal vor. Ich komme nackt

> Nackt? 😳 Dann fahr ich besser alleine. Bis später!

Nach! Ich komme nach! Wollte ich natürlich schreiben. Blöde Autokorrektur. Da hatte ich gerade gefühlt den Planeten gegen die Herrschaft der Maschinen verteidigt, und gleich rächte sich das System und sabotierte meine Nachricht. Ich zuckte zusammen, als ich Dr. Liebermanns Ermahnung hörte.

»Smartphonefreie Zone, Mensch!«, fuhr er mich an. Ich steckte erschrocken das Handy weg. Gespielt tadelnd sah er mich an: »Die sind hier alle ein bisschen technikverrückt«, kokettierte er mit

Giebelstein. Das war zwar glatt gelogen, aber Herr Dr. Liebermann schien sich in seiner neuen Rolle als Steve Jobs für Arme zu
gefallen. Giebelstein spielte den Ball zurück.

»Das sehe ich, Herr Dr. Liebermann, das sehe ich.« Er drehte
sich zu uns um und sagte: »Da sind Sie ja ganz schön in den Flow
gekommen. Ein kreatives Team haben Sie da. Bevor wir in die
Pause gehen, lasse ich Ihnen natürlich den Vortritt, um zu präsentieren, was die App aufgrund des Matchings der Persönlichkeitsprofile als optimale Teambuilding-Maßnahme herausgefunden
hat.«

Giebelsteins Visitenkarte lag neben dem iPad vor mir auf dem
Tisch. »Innovation-Incubator-Brainstorming-Specialist« lautete
sein Titel, und darunter stand »Nur wer selber brennt, kann in
anderen ein Feuer entfachen«. Es trieb mir fast Tränen in die
Augen. Giebelstein setzte sich, und sein blau-lila changierender
Anzug hörte auf, im Halogenlicht zu schimmern.

Herr Dr. Liebermann war nun vor uns getreten, und seine Apfel-
backen glühten vor Aufregung. Er machte eine lange Pause, um die
Spannung noch zu erhöhen, bevor er uns das Ergeb-
nis mitteilte. Der Vorschlag kam für alle überraschend. Und bei Herrn Dr. Liebermann war
zudem davon auszugehen, dass er nicht
die geringste Ahnung hatte, worüber er
sprach. In Anbetracht seiner kindlichen
Begeisterung schien ihm das aber völlig
egal zu sein.

»Geocaching!«, wiederholte er stolz den
finalen Vorschlag für den Abteilungsausflug,
dabei funkelten seine Augen wie das App-Logo
auf dem iPad.

Geocaching«, stieß ich aufgebracht hervor, als Sarah und ich beim Abendbrot saßen. »Das kam bestimmt von Gunnar. Reicht es nicht, wenn er seine ganze Bude mit dem Handy steuern kann? Müssen wir auch noch beim Abteilungsausflug die ganze Zeit auf die Dinger starren?«

»Jetzt reg dich mal wieder ab«, versuchte Sarah, mich zu beruhigen, »immerhin seid ihr an der frischen Luft! Ich finde, das klingt ganz spannend.«

»Spannend nennst du das? Ich nenne das Spionage!«, regte ich mich weiter auf.

»Spionage?«, fragte Sarah skeptisch, »jetzt fabulierst du aber.«

»Die Künstliche Intelligenz will wissen, wie ich mich im offenen Gelände verhalte, damit sie noch besser meine Schwächen ausloten kann«, erklärte ich.

»So ein Käse«, sagte Sarah. »Zum einen darfst du nicht immer Zusammenhänge vermuten, wo keine sind. Es gibt nämlich nicht die eine Künstliche Intelligenz, die jetzt ausgerechnet Jagd auf dich macht. Zum anderen wird das sicherlich ganz witzig. Ihr seid draußen, löst ein paar Rätsel, und abends trinkt ihr noch ein Bier zusammen. Klingt für mich, ehrlich gesagt, wie der perfekte Abteilungsausflug.«

»Löst ein paar Rätsel«, äffte ich sie nach. »Was weißt du denn, was da auf mich zukommt mit diesem Geocaching.«

»Weiß ich nicht«, antwortete Sarah, »finden wir aber gemeinsam raus.«

»Was soll das denn wieder heißen, finden wir heraus«, sagte ich beleidigt, »du stellst dir immer alles so einfach vor!«

Ich sah sie fragend an, sie zückte kurzerhand ihr Handy und rief www.geocaching.com auf. Ich rückte mit meinem Stuhl um den Tisch herum und setzte mich neben sie, um auf ihr Display zu schauen, auf dem bereits ein kurzes Video lief, in dem man

Leute sah, die mit dem Smartphone oder einem GPS-Sender in der Hand auf einer Art Schnitzeljagd waren und sich diebisch freuten, wenn sie auf einem Baum oder unter einer Brücke kleine Boxen mit Plastikschrott fanden. Wer fand so etwas denn bitte gut? Totaler Kinderkram!

»Sieht doch ganz interessant aus. Probieren wir einfach mal aus. Hier oben haben wir schon den Anmelde-Button«, sagte Sarah und klickte selbigen an. »Benutzername sollen wir angeben. Ich schreibe mal Schisser rein, okay?«

»Haha. Sehr witzig«, entgegnete ich trocken, sie schrieb es trotzdem, und ehe ich mich versah, bestätigte sie bereits das Nutzerkonto, während ich noch versuchte zu kontern: »Schiss habe ich keinen, mir ist das, wie soll ich sagen, zu … infantil.«

»Soso«, murmelte Sarah, als hätte sie gar nichts gehört. »Dann wollen wir doch mal schauen, welche Caches hier in der Nähe sind. Na, schau mal einer an, diese Koordinaten sind bei uns direkt um die Ecke: N 53° 34.098 E 009° 59.438.«

»Soll ich jetzt den Atlas holen, oder was?«, sagte ich genervt.

»Der Cache heißt das Chinesische Teehaus. Klingt ja cool. Und ist nicht weit von hier, müsste von uns zu Fuß zu erreichen sein. Lass mal los!«

»Wie, jetzt?«, fragte ich erstaunt. »Du willst das jetzt noch ausprobieren?«

»Warum denn nicht?«, meinte Sarah. »Es ist doch noch warm draußen, und außerdem tut uns ein kleiner Abendspaziergang ganz gut.«

Irgendwie war ich dann doch gespannt und wollte nun auch wissen, wie das mit dem Geocaching ablief, also räumten wir das Essen ab und waren eine Viertelstunde später auf dem Weg nach draußen. Auf Sarahs Handy war nun ein Kompass zu sehen, dem wir folgten. Es war circa ein Kilometer bis zum Chinesischen Teehaus, und es tat wirklich gut, sich nach dem Essen die Beine zu vertreten.

»Jetzt sind es nur noch hundert Meter«, sagte Sarah, nachdem wir einige Zeit gegangen waren.

»Wir sind mitten in einem Wohngebiet«, bemerkte ich. »Dass hier ein Chinesisches Teehaus kommt, halte ich für recht unwahrscheinlich. Hab ich doch gleich gesagt, dass das mit dem Geocaching Quatsch ist.«

»Nun sei doch nicht so ungeduldig. Jetzt sind wir ja gleich da«, gab Sarah zurück, und dann bogen wir bereits um die Ecke und siehe da, mitten in einer Hamburger Wohngegend stand ein Chinesisches Teehaus. Und zwar kein kleines, sondern eins mit Garten und allem Drum und Dran. Es erinnerte mich sofort an meine Reise mit Sarahs Vater ins Reich der Mitte. Mir graute bei der Erinnerung, war ich doch nur knapp der Verfolgung durch die chinesischen Behörden entgangen. Vielleicht hätte ich nicht an die Chinesische Mauer pinkeln sollen. Aber das war lange her, und jetzt stand ich mit Sarah an einem lauen Sommerabend vor einem Chinesischen Teehaus mitten in Hamburg, um unseren ersten Geocache zu heben.

»Na dann, lass uns mal suchen«, sagte Sarah und sah sich vorsichtig um.

Beim Geocaching musste man darauf achten, dass die unwissenden Nicht-Geocacher, auch Muggle genannt, möglichst unwissend blieben und der Geocache damit außerhalb der Community unentdeckt blieb. Mir war das ziemlich peinlich, vor den Gästen des Teehauses rumzuschleichen. Je unauffälliger man tat, desto auffälliger war man doch!

Sarah ging die Treppe unter dem Pagodendach hinauf und schaute diskret hinter die Löwenstatuen, die den Eingang einrahmten, ich bog ab und schlenderte am Teich entlang und nahm das Schilf unter die Lupe, konnte aber nichts Ungewöhnliches entdecken. Am Ende des Teiches war eine größere Natursteinwand angelegt. Sarah tauchte auf der anderen Seite des kleinen Teiches wieder auf und neigte den Kopf in Richtung Steinwand.

»Steinwand«, zischte Sarah leise, aber bestimmt zwischen den geschlossenen Zähnen hervor, und wir trafen uns dort. Bis auf skeptische Blicke der Teehausgäste fanden wir aber nichts.

»Rückzug«, zischte Sarah diesmal, und wir versuchten möglichst nebensächlich und locker das Teehaus zu verlassen.

»Boah, ist mir das peinlich«, beschwerte ich mich, nachdem wir wieder vor dem Teehaus standen und normal reden konnten. »Diese Heimlichtuerei! Hat doch jeder da drin gemerkt, dass wir was suchen.«

»Hehe«, freute sich Sarah, »ich fand den Nervenkitzel ganz cool. Aber jetzt müssen wir den Cache auch finden. Lass noch einmal in die App schauen, vielleicht gibt es irgendwelche Tipps.«

Sarah öffnete die Smartphone App und las die Beschreibung laut vor.

»Hier«, sagte sie nach einem kurzen Moment. »Hier ist ein Tipp: Hagre Fgeähpurea ist das Codewort, und hier ist auch der Dechiffrierungsschlüssel.«

»Der Deschiffwas?«, fragte ich perplex, aber sie hielt mir bereits ihr Handy vor die Nase, auf dem Folgendes zu lesen war:

```
ROT-13-Dechiffrierungsschlüssel:
A|B|C|D|E|F|G|H|I|J|K|L|M
- - - - - - - - - - - - - - - - - - - - - - - - -
N|O|P|Q|R|S|T|U|V|W|X|Y|Z
(der Buchstabe oben entspricht entschlüsselt
dem darunter stehenden und umgekehrt)
```

»Ich bin doch nicht McGyver«, meinte ich. »Ich sag doch: Kinderkram!«

»Du Spielverderber«, beschwerte sich Sarah. »Jetzt sind wir hier, jetzt wird das Rätsel auch gelöst. Der erste Buchstabe ist ein H, das entspricht laut der Tabelle einem U. Schreib mal auf U. Dann kommt ein A, das wäre dann ein N ...«

Sarah war voll in ihrem Element. Sie rätselte für ihr Leben gern, und schon nach kurzer Zeit hatte ich ›Unter Sträuchern‹ zu Papier gebracht. Das Ziel war nun klar, und wir machten uns erneut auf die Suche und nahmen die Sträucher, die das Grundstück umgaben, in Angriff. Sarah fing auf der einen Seite an, ich auf der anderen. Ich streifte missmutig durchs Gestrüpp und hatte bereits die Lust an dem Spiel verloren. So viel Aufwand, nur um eine Box zu finden, in der man seinen Namen eintragen konnte. Verrückt, womit die Leute so ihre Zeit verbrachten. Während ich meinen Gedanken nachhing, entdeckte ich auf einmal einen kleinen Gegenstand im hohen Gras. Ich beugte mich vor, und da war es. Ich hatte den Geocache wirklich gefunden.

»Ich hab ihn!«, rief ich laut.

»Psst!«, rief Sarah, »die Muggle dürfen nichts mitbekommen.«

Ach ja, hatte ich natürlich schon wieder vergessen. ›Muggle‹ kannte ich nur aus den Harry-Potter-Büchern, wo das Wort Menschen ohne magische Fähigkeiten beschrieb. Sag ich ja, Kinderbuch gleich Kinderkram. Wobei, jetzt wo ich meinen ersten Cache selber in den Händen hielt. Ein bisschen etwas Magisches hatte das schon. Vorsichtig betrachtete ich den kleinen Plastikbehälter von allen Seiten.

»Zeig mal«, sagte Sarah, als sie zu mir rübergekommen war, sie küsste mich auf die Wange und sagte: »Mein kleiner Cache-König!«

Wir öffneten gemeinsam die Box und schauten hinein. Irgendwo musste das Logbuch sein, in das man den Fund eintrug, und tatsächlich fanden wir ein zusammengefaltetes Papier und einen kleinen Stift. Als wir das Logbuch aufklappten, konnten wir all die Namen derjenigen lesen, die den Cache bereits vor uns gefunden hatten: Schlumpfine1, Waynes65, yellow_cake, CaveCatcher und jetzt der Schisser. Wir trugen uns im Logbuch ein. Zudem registrierten wir den erfolgreichen Fund in der App. Zu guter Letzt mussten wir den Cache wieder gut verstecken.

»Vor den Muggles!«, sagte ich, ein bisschen zu meiner eigenen Überraschung. Sarah kicherte.

»Hat doch Spaß gemacht, oder?«, fragte sie, hakte mich unter, und wir machten uns auf den Weg nach Hause.

»Na ja«, sagte ich nur, war aber froh, dass ich nun wusste, was Geocaching war, und, ja, so wild war es auch nicht gewesen. Vielleicht sogar ganz nett. Aber das Beste war, der Abteilungsausflug erschien jetzt nur noch halb so schlimm. Ich war gespannt auf Gunnars und Herr Dr. Liebermanns Blicke, wenn ich ganz beiläufig meine neuen Geocaching-Skills zur Schau stellen konnte.

III.
Dr. Google und die Geocacher des Grauens

Gunnar hatte bereits 21 541 erfolgreiche Caches gehoben, wie unter seinem Nutzernamen *SmartCacher38* und dem Zusatz Premium Member zu lesen war. Wäre ja auch zu schön gewesen. Aber Gunnar war nicht nur ein Technik-Junkie, sondern natürlich auch ein Geocaching-Schwergewicht, wie unschwer in der App abzulesen war.

»Geil! Geocaching!«, sagte er, als ich ihn morgens in der Büroküche traf. Gunnar schnitt gerade frische Früchte für sein Frühstücksmüsli. Das konnte wohl noch keine App, dachte ich mürrisch. Achim saß am runden Tisch der kleinen Küche und biss gerade genüsslich in ein Fleischsalatbrötchen, in der anderen Hand hielt er sein Handy.

»Hab ich noch nie gemacht«, sagte er, »sieht aber echt heftig aus, was du da so treibst.«

Ich drängelte mich schlecht gelaunt zur Kaffeemaschine durch und wartete nur darauf, dass die Maschine wahlweise »Bitte Reinigen« oder »Bohnen nachfüllen« anzeigte und ich wieder derjenige war, der den Service für die Maschine machte und nicht umgekehrt. Heute waren es die Bohnen. Ich kippte welche nach und drückte die OK-Taste.

»Krass! Guck mal hier«, rief Achim wieder und guckte wie versteinert aufs Display, »bist du das wirklich?«

»Klaro!«, antwortete Gunnar. »Das bin alles ich, entweder mit dem Handy-Stick oder mit meiner Drohne fotografiert.«

Ich war müde und genervt, und das Letzte, was ich sehen wollte, war irgendetwas Tolles, was Gunnar wieder gemacht hatte oder von irgendwelchen Maschinen hatte machen lassen. Aber neugierig war ich natürlich schon, und deshalb trottete ich mit meinem Kaffee rüber zu Achim, setzte mich neben ihn und fragte: »Was gibt's denn so Interessantes?«

Achim lehnte sich zu mir rüber, der Geruch von Fleischsalat waberte durch die Luft, und ein verschmiertes Display wurde mir vor die Nase gehalten. Darauf war ein Bild zu erkennen, auf dem Gunnar, mit Helm und an einem Seil gesichert, in einer Baumkrone saß. Aus mindestens zehn Meter in der Höhe grinste er debil in die Kamera und hielt ein kleines Filmdöschen hoch, das er scheinbar gerade aus einem Astloch gezogen hatte.

»Mega, oder?«, sagte Achim, ohne eine Antwort zu erwarten. »Das ist Gunnars Insta-Account. Krass, das sind locker zehn Meter oder mehr! Ich bin mal gespannt, ob uns solche Aktionen auf unserem Ausflug auch blühen.«

Sofort rutschte mir das Herz in die Hose, und ich spürte, wie sich meine Kehle zuschnürte. Von der einen auf die andere Sekunde war Geocaching vom Kinderkram zum Extremsport mutiert. Jeder Hochseilgarten war zehnmal besser gesichert als der wackelige Baum, an dem Gunnar hing und die Drohne angrinste.

»Bist du auf Insta?«, fragte mich Achim, und ich hörte es wie in Watte gepackt. »Musst du mal *liken*.«

Like mich am Arsch, dachte ich, verließ die Küche, ging die Treppe nach unten und stieß die Tür auf. Die frische Luft tat gut. Ich atmete tief durch, und als es mir ein bisschen besser ging, kramte ich mein Handy hervor. Ich hatte Sarah zwar versprochen, nicht bei jeder Kleinigkeit meinen Hausarzt, Dr. Hansen-Jansen, aufzusuchen, aber dies war eindeutig ein Notfall!

Im Display sah ich den ungewöhnlichen Doppelnamen des Arztes, dessen Nummer gerade gewählt wurde. Der Name war ein Kompromiss mit seiner Ex-Frau gewesen, die sich wie Sarah nicht die Butter vom Brot nehmen ließ. Wir hatten beide Frauen, die wussten, wo es langgeht, teilten also gewissermaßen ein Schicksal. So war er es auch, der ungewollt zu meinem Vertrauten auf all den Reisen mit Sarah geworden war. Dabei hatten ihn meine Neurosen zwar an den Rand der Belastbarkeit gebracht, aber was einen nicht umbringt, macht einen ja bekanntlich nur stärker. Seine Ehe hatte diesen Kalenderspruch leider nicht überlebt, Frau Hansen-Jansen war inzwischen gegangen, der Name war geblieben.

»Hallo und willkommen in der Praxis von Dr. Hansen-Jansen …«, ertönte die sonore Stimme des Doktors, die mich bereits bei meinen damaligen Reisevorbereitungen immer schnell beruhigt hatte. »Hallo, hallo«, rief ich aufgeregt. »Dies ist ein Notfall!« »… leider erreichen Sie uns nicht persönlich«, fuhr die Stimme des Doktors vom Band fort. »Einen Termin, eine Überweisung oder ein Rezept können Sie bequem über das Internet unter Doktor minus Hansen minus Jansen Punkt DE buchen. Bleiben Sie gesund, auf Wiederhören.«

In der Leitung machte es klick. Aufgelegt. Weg war die beruhigende Stimme. Ich starrte auf das Handy. Hatte sich die ganze Welt gegen mich verschworen? Der einfache Anruf beim Doktor meines Vertrauens war sonst immer möglich gewesen, und jetzt das! Frustriert steckte ich das Telefon ein, für dieses Online-Gedöns hatte ich jetzt keine Zeit, und vor allem hatte ich keinen Bock. Ich atmete noch einmal tief durch, stieß die Tür auf und machte mich auf den Rückweg zu Smart_cacher38 und Fleischsalat_Achim76.

Durch die Nutzung dieser Webseite erklären Sie sich mit unserer Cookie-Richtlinie einverstanden«, war das Erste, was ich las, als ich am Abend vor dem Laptop saß und gerade die Adresse www.dr-hansen-jansen.de eingegeben hatte. Offensichtlich eine weitere Schikane des Netzes. Denn eigentlich war ich nicht einverstanden! »Cookies werden zur Benutzerführung und Webanalyse verwendet und helfen dabei, diese Webseite zu verbessern«, hieß es weiter. Ich staunte nicht schlecht. Eigentlich wollte ich doch was vom Doktor und nicht umgekehrt. Aber neuerdings ging es ja auch noch schlimmer. Immerhin bekam ich nicht irgendwelche dämlichen Rasterbilder vorgeführt, auf denen ich Ampeln und Autos erkennen sollte. Denn diese neue, besonders stumpfe, Art der Sicherheitsüberprüfung schien selbst die Künstliche Intelligenz zu beleidigen. Bei dieser Seite immerhin nur Cookies, wenn auch »zwingend erforderlich«. Ich akzeptierte diese also missmutig, und vor mir tauchte die neue polierte Homepage des Mediziners auf. Großflächig begrüßte mich das Gesicht des gequält grinsenden Doktors, hinter ihm die weiß blitzende Kulisse seiner Praxis. Man merkte meinem Weggefährten an, dass ihm diese neue, überheblich-wirkende Art, seinen Arztberuf zu präsentieren, schwerfiel. Perfekt inszenierte Arzthelferinnen vor allerhand medizinischen Geräten, dem Empfangstresen, alle freundlich und fröhlich mit einem Grinsen, dass man meinen könnte, man wäre auf der Seite einer Zahnarztpraxis gelandet. Mittendrin Dr. Hansen-Jansen, mein Fels in der Brandung im Meer meiner Neurosen. Ich meinte in seinem verzerrten Gesichtsausdruck zu erkennen, was auch mich umtrieb, nämlich die Frage: Musste das alles denn sein? Brachte die Technik nicht mehr Probleme als Lösungen? Gerade er als Mediziner müsste doch ein Lied von Haltungsschäden, Handydaumen und Kurzsichtigkeit singen können. Ich nahm mir vor, beim Besuch mit ihm darüber ins Gespräch zu kommen. Wir beide, jahrelang erprobte Pantoffelhelden, sollten uns schließlich nicht auch noch vom Internet unterbuttern lassen!

»Jetzt Termin buchen«, leuchtete ein großer roter Knopf inmitten all dieser glücklichen Menschen in ihren weißen Gewändern. Wäre ein Einhorn durchs Bild geritten, wäre es hier nicht aufgefallen. Einen Klick später befand ich mich im Online-Buchungssystem des Doktors. Es wurde ein Kalender angezeigt, in dem die verfügbaren Tage in Grün unterlegt waren. Es war Mitte des Monats und kein grüner Tag zu sehen. Ich klickte einen Monat weiter, wieder nichts, dann noch einen Monat, und endlich entdeckte ich freie Felder. Ich merkte, wie mir warm wurde. Panik kroch mir den Nacken hoch. Der Abteilungsausflug war bereits in vier Wochen, das Human Sedativum Hansen-Jansen musste mir also unbedingt früher helfen. Ich suchte die Seite ab, klickte alles an und landete im Impressum. Ich fand eine E-Mail Adresse. Immerhin. Angeklickt, abgeschickt:

Sehr geehrter Herr Doktor Hansen-Jansen,
es schreibt Ihnen Ihr verzweifelter Freund. Die Not ist groß. Das Geocaching naht und mit ihm unweigerlich Gefahr, Verderben und Tod. Ich habe Ihre Cookies akzeptiert, und von mir aus können Sie auch Ihre Benutzer- und Webanalyse mit mir machen. Aber bitte helfen Sie mir und geben mir einen Termin. Ich sende Dank und hoffnungsvolle Grüße!

Später in der Nacht lag ich wach im Bett und starrte an die Decke. Sarah schlief tief und fest, aber mir ließ das Ganze einfach keine Ruhe. Ich dachte an Gunnar, Geocaching und an Giebelstein mit seiner Künstlichen-Intelligenz-App. Ich hatte mich schon stundenlang von einer Seite zur anderen gewälzt. Jetzt lag ich still auf dem Rücken und horchte in mich hinein. Ein mulmiges Gefühl machte sich ganz deutlich in der Bauchgegend bemerkbar. Je mehr ich mich konzentrierte, desto stärker wurde es. Ich beschloss, mir ein Glas Wasser zu holen. Auf dem Weg in die Küche kam ich am Wohnzimmer vorbei. Auf dem Tisch stand noch mein aufgeklappter Laptop. Ich hatte Sarah fest versprochen, keine Krankheiten mehr zu googlen, war ich als Hypochonder doch zu anfällig für irgendwelche Horror-Diagnosen aus dem Netz. Aber Bauchschmerz? Das war ja harmlos, das war doch eigentlich gar keine richtige Krankheit, zumindest nicht im engeren Sinne, oder? Ich blieb kurz stehen und überlegte. Einmal kurz googeln würde bestimmt nicht schaden. Das wäre doch schnell gemacht. In unter fünf Minuten wäre ich aus dem Internet raus und wieder drin im Bett, entspannt und beruhigt dank digitaler Diagnostik. Entgegen aller guten Ratschläge schlich ich mich also ins Wohnzimmer und setzte mich im Schlafanzug heimlich an den Rechner. Ich rief die Google-Suchmaske auf und tippte »Bauchschmerzen« in das Suchfeld. Es erschien ein Fenster, in dem stand:

Nutzer fragen auch: Was kann die Ursache für Bauchschmerzen sein?

Da schau einer an, der Algorithmus denkt mit, freute ich mich und klickte fröhlich weiter. Als Ergebnis erschien:

Ursachen: oftmals harmlos (z. B. zu üppige Mahlzeit), manchmal auch Erkrankungen wie Magen-Darm-Grippe, Magenschleimhautentzündung, Magengeschwür, Sodbrennen, Refluxkrankheit, Blinddarmentzündung, Divertikulitis, Darmverschluss, Gallensteine, Leistenbruch, Herzinfarkt, Lungenentzündung etc. (Netdoktor.de, 18. 12. 2018)

Darmverschluss, Leistenbruch, Herzinfarkt? Das klang nicht wie »oftmals harmlos«, das klang ziemlich ernst. Aber ich wollte mich ja nicht verunsichern lassen, also cool bleiben. Aber was, wenn ich etwas übersah? Vorsorglich tastete ich meine Herzregion ab, wie spürt man einen Herzinfarkt? Vielleicht kann der ja still verlaufen. Ich erinnerte mich dunkel, dass ich so etwas mal irgendwo gelesen hatte. »Stiller Herzinfarkt« tippte ich in die Suchmaschine und begab mich unweigerlich tiefer in den Sog der Netzwelt.

Bei einem stummen Herzinfarkt treten keine klassischen Beschwerden wie bei einem Herzinfarkt auf, zu denen starke

Brustschmerzen, Atemnot und kalter Schweißausbruch zählen. Symptome, die auf einen stummen Herzinfarkt hinwei-
sen können, sind häufig auftretende Müdigkeit, Unwohlsein,
Lustlosigkeit ... (www.cardiosecur.com)

Volltreffer! Jetzt war alles klar. Sarah hatte die Lage vollkommen
verkannt. Ihre Einschätzung, dass ich schlapp und antriebslos war,
weil ich keine Lust auf den Abteilungsausflug hatte, war eine ein-
deutige Fehldiagnose. Und das bei einer Ärztin! Ich war wahrscheinlich todkrank, und keiner merkte das, noch nicht einmal
meine eigene Frau. Gerade als ich dabei war, mich richtig hinein-
zusteigern, hörte ich Schritte. Schnell klappte ich den Laptop zu,
und da stand Sarah schon in der Tür.

»Was machst du denn um diese Zeit noch am Computer?«,
fragte sie sichtlich verpennt.

»Nichts«, antwortete ich scheinheilig.

»Nichts?«, sagte Sarah und zog eine Augenbraue hoch. Bei ihr
ein klares Zeichen für Skepsis. »Es ist mitten in der Nacht, da
googelt man doch nicht nichts.«

»Na ja, nicht nichts«, fühlte ich mich ertappt und versuchte,
mich rauszureden. »Nichts von Belang. Außerdem googel ich gar
nicht.«

»Soso«, sagte sie misstrauisch. »Außerdem bist du ganz blass
um die Nase. Nicht dass du wieder mit irgendeiner fantastischen
Krankheit um die Ecke kommst. Ich habe immer noch nicht ganz
verdaut, dass du uns wochenlang mit diesem Syndrom genervt
hast, wie hieß das noch mal, Schönlein-Syndrom?«

»Sjögren-Syndrom«, gab ich kleinlaut zurück. »Aber vollkommen ausschließen konnte es auch die Uni-Klinik nicht.«

»Kriegen nur Frauen ab vierzig in den Wechseljahren, hat der
Professor gesagt«, meinte Sarah erschöpft. »Nicht Männer unter

vierzig in den besten Jahren.« Sie trottete davon. Ich wartete, bis sie weg war, und öffnete langsam wieder den Bildschirm. Ein glockenartiger Ton kündigte die Ankunft einer neuen E-Mail an. Neugierig wechselte ich zum Maileingang.

Sehr geehrte*r Patient*in,
vielen Dank für Ihre Anfrage und Ihr Vertrauen in unsere Praxis. Wir bieten Ihnen zusätzlich zur regulären Sprechstunde neuerdings die Möglichkeit der Video-sprechstunde an. Ihr automatisch generierter Online-Termin samt Log-in-Daten und Zwei-Faktor-Authentifizierung wird Ihnen in einer separaten E-Mail zugeschickt.

Bleiben Sie gesund!
Ihr Dr. Heinz-Helmut Hansen-Jansen & Team

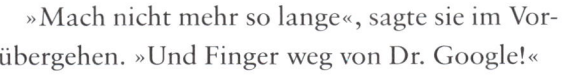

Auf den Doktor war Verlass! Der erste Schock der tödlichen Diagnose aus dem Internet legte sich etwas. Ich hörte die Klospülung, und Sarah kam zurück.

»Mach nicht mehr so lange«, sagte sie im Vorübergehen. »Und Finger weg von Dr. Google!«

»Keine Sorge«, erwiderte ich. »Bin schon fertig.« Was ja genaugenommen nicht gelogen war, denn ich war ja wirklich bereits fertig mit meiner kurzen Google-Recherche, die tatsächlich nervenaufreibender war als gedacht. Mit der Aussicht auf die Videosprechstunde fühlte ich mich aber schon gleich viel besser. Unter normalen Umständen hätte ich es natürlich vorgezogen, Dr. Hansen-Jansen persönlich zu treffen und nicht über das Internet. War das überhaupt datenschutzkonform, hörte der digitale Feind vielleicht mit? Diese Fragen mussten bis morgen warten. Erst einmal war ich froh, dass sich Dr. Hansen-Jansen meines misslichen Zustands annahm. Heinz-Helmut, mein treuer Begleiter, Seelenverwandter, Retter in der Not und bald auch Verbündeter im Kampf gegen die krankmachende moderne Technik. Ich klappte den Laptop zu, stand auf und folgte Sarah ins Schlafzimmer.

Schon ein paar Tage später war es so weit. Sarah war bei der Arbeit, und ich konnte in aller Ruhe mit Dr. Hansen-Jansen per Videochat telefonieren. Ich rutschte aufgeregt auf meinem Stuhl hin und her. Gerade hatte ich das Videofenster im Browser gestartet und die Sicherheitsnummer eingegeben, die ich vorab per Mail geschickt bekommen hatte. Gleich ging es also los. Vor mir lagen meine Notizen. Ich hatte die Symptome meines potenziell stummen Infarktes genauestens notiert. Ob die beruhigende Stimme des Doktors auch online ihre volle Wirkung entfalten konnte? Gespannt starrte ich auf den Monitor, und plötzlich tat sich etwas, die kleine Sanduhr verschwand, und der Doktor erschien auf meinem Monitor.

»Hallo. Ach herrje, mein Lieblingspatient«, sagte der Doktor leicht genervt zur Begrüßung, aber ich fühlte mich dennoch geschmeichelt.

»Hallo Herr Doktor!«, sagte ich. »Gut, dass es so schnell klappt. Die Lage ist ernst.«

»Sie müssen Ihr Mikro anmachen«, raunzte mich der Doktor an und tippte mit seinem Finger gegen den Monitor, als würde er anklopfen.

»Ich verstehe Sie gut«, sagte ich, aber der Doktor signalisierte, dass er mich nicht hören konnte, also suchte ich unter dem Bild nach dem Tonsymbol, welches ich auch direkt fand und anklickte. »Bitte installieren Sie den Treiber zur Nutzung des Audioeinganges«, stand in einer grauen Box plötzlich auf meinem Monitor. Das konnte doch wohl nicht wahr sein. Ausgerechnet jetzt, wo mein Leben am seidenen Faden hing und ich Dr. Hansen-Jansen endlich in der Leitung hatte! Ich klickte die Box weg und versuchte dem Doktor irgendwie zu signalisieren, dass der Ton nicht ging. Ich zeigte auf meinen Mund und schüttelte dann demonstrativ den Kopf.

»Alles in Ordnung mit Ihnen?«, fragte der Doktor erstaunt. »Sie müssen nicht solche Faxen machen, sondern nur das Mikro anstellen.«

»Ja«, rief ich, obwohl der Doktor mich immer noch nicht hören konnte. Ich klickte mich in die unübersichtlichen Einstellungen meines Laptops. Es sah nicht so aus, als ließe sich das leicht lösen. Ich zog die Schultern hoch, um dem Doktor zu zeigen, dass ich nicht weiterwusste.

»Vielleicht kommen wir auch so weiter. Was fehlt Ihnen denn?«, fragte er. »Sie haben doch auf Ihren Mund gedeutet. Zeigen Sie mal Ihre Zunge.«

Ich streckte die Zunge raus und kam mir dabei total komisch vor.

»Näher ran«, rief der Doktor und kam bedrohlich nah mit einem Auge an die Kamera.

Ich beugte mich vor und streckte meine Zunge in die Webcam. Mein Gott, kam ich mir dabei vielleicht bescheuert vor.

»Sieht alles normal aus«, stellte der Doktor fest. »Was haben Sie denn sonst noch für Beschwerden? Können Sie das irgendwie vormachen?«

Ich überlegte. Müdigkeit ging ja noch, aber wie macht man bitte Lustlosigkeit vor? Ließ man einfach die Schultern hängen? Das würde der Doktor ja erst recht als Unsinn abtun. Besser erst einmal mit den Bauchschmerzen starten. Ich stand auf und zeigte auf meinen Bauch.

»Bauchschmerzen?«, fragte der Doktor, und ich zeigte ihm den erhobenen Daumen als Signal, dass er richtiglag. Ich sah, wie er den Kopf neigte. Wahrscheinlich las er etwas in meiner Akte nach.

»Nach Sjögren-Syndrom, Seborrhoisches Ekzem und Morbus Meulengracht ist das ja mal eine recht gewöhnliche Selbstdiagnose«, stellte der Doktor nüchtern fest. »Die haben Sie zur Abwechslung nicht aus dem Internet, oder? Haben Sie vielleicht was Falsches gegessen?«

Ich schüttelte den Kopf. Parallel versuchte ich weiter, an meinem Laptop den Audiotreiber zu installieren. Ich klickte wild umher, und plötzlich kamen tatsächlich die Balken, welche die Spracheingabe anzeigten, in Bewegung.

»Hallo, hallo«, rief ich in die Kamera. »Herzinfarkt!«

»Herzinfarkt?« Dr. Hansen-Jansen verzog das Gesicht und sagte streng: »Damit macht man keine Scherze. Was soll denn das für ein Herzinfarkt sein, wo Sie sichtlich quietschfidel vor Ihrem Monitor rumhampeln?«

»Stumm«, erklärte ich.

»Also ich höre Sie jetzt gut«, antwortete er.

»Nein, ich meine stummer Infarkt«, erklärte ich. »Und als Leitsymptom gilt Lustlosigkeit. Steht alles im Internet.«

Uups. Vor lauter Aufregung hatte ich jetzt doch verraten, dass ich erst durch das Googeln darauf gekommen war. Ich war mit dem Doktor in der Vergangenheit schon öfters aufgrund von Internet-Selbstdiagnosen aneinandergeraten. Das letzte Mal waren mir vermeintlich gelbe Augen aufgefallen, die sich dann aber als Reflexion unserer Glühbirnen im Bad herausstellten und nicht als die ausschließlich vererbbare und zudem seltene Krankheit Morbus Meulengracht, die ich im Netz gefunden hatte.

»Internet!«, empörte sich Dr. Hansen-Jansen. »Meine Güte, Sie lernen aber auch überhaupt nicht dazu. Ich habe Ihnen schon tausendmal gesagt, lassen Sie die Finger von Google. Wissen Sie eigentlich, dass hier schon bald jeder zweite Patient kommt und mir total verängstigt seine Netzrecherche präsentiert?«

Ich schielte beschämt auf die Notizen, die vor mir lagen und in akribischer Kleinteiligkeit meine eigene Online-Recherche zeigten. Diese würde ich wohl nicht mehr in Gänze vorbringen können. Zumindest nicht heute.

»Die meisten Leute haben Kleinigkeiten, die sich gut behandeln lassen«, echauffierte sich der Mediziner weiter, »aber kommen hier an und haben den totalen Flattermann. Schlimm ist das!«

»Und dann auch noch die Haltungsschäden und Kurzsichtigkeit«, pflichtete ich ihm bei. Ich war gedanklich schon bei der Diskussion über die Gefahren der Technik, die ich ja so gerne mit dem Doktor besprechen wollte, »und erst der Handydaumen!«

»Handydaumen?«, fragte der Arzt perplex zurück, der nicht verstand, wie der ins Thema passte. »Wieso denn jetzt Handydaumen. Ich dachte, Sie haben Bauchschmerzen?«

»Ja ja«, lenkte ich ein. »Aber Ihr Punkt ist doch, dass das Internet die Leute kränker macht, als sie sowieso schon sind.«

»Mein Punkt ist: Reißen Sie sich zusammen. Bauchschmerzen gehen in der Regel von selbst wieder weg, und zur Diagnostik eines Herzinfarktes besteht aus meiner Sicht kein Anlass«, moderierte Dr. Hansen-Jansen das Gespräch ab. »Die Zeit ist um und kleiner Tipp am Rande, lesen Sie mal ein gutes Buch, anstelle jeden Quatsch zu googlen. Dazu ein warmer Tee, dann geht's auch Ihrem Bauch bald besser.«

Winkend verabschiedete sich der Doktor. Die Videosprechstunde war vorbei, und ich blieb enttäuscht zurück. Gerne hätte ich meine Thesen zur Weltherrschaft der Maschinen noch mit Dr. Hansen-Jansen geteilt, aber er wirkte gestresster als gedacht. Ihm schien die Digitalisierung auch übel mitzuspielen. Immerhin war er ebenfalls zu dem Schluss gekommen, dass weniger Internet manchmal mehr ist.

»Fragen dich deine Patienten eigentlich auch oft nach Krankheiten, die sie gegoogelt haben«, wollte ich später von Sarah beim Abendessen wissen.

»Jeder Zweite«, sagte Sarah. »Nervt total. Ist aber normal heutzutage. Mir tun die Leute leid«, fuhr sie fort. »Die machen sich mehr Stress, als sie müssten. Würden sie einfach auf den Arzt vertrauen, müsste man nicht unnötige Diagnostik machen. Man muss ja jedem Fall nachgehen wegen der Versicherung. Irre, was das unser Gesundheitssystem kostet. Ein Kollege hat letztens erzählt, dass Google fast hunderttausend Zugriffe auf medizinische Fragen erhält. Pro Minute.«

»Wahnsinn«, antwortete ich und musste an die Nacht denken, in der mich Dr. Google auch in seinen Bann gezogen hatte.

»Gut, dass du mit dem Thema durch bist«, stellte Sarah fest.

Ich antwortete nicht und blieb stumm. Wie der Infarkt.

Obwohl ich ihn erfolgreich aus meinen Gedanken verdrängt hatte und sich damit auch auf wundersame Weise die Bauchschmerzen verflüchtigt hatten, kam der Tag dann doch. Der Abteilungsausflug war früh am Morgen losgegangen, und ein Bus hatte uns zu einem alten Gutshof mitten in Schleswig-Holstein gebracht. Hier standen wir nun mit Blick auf Wald und Felder, die sich aber in Kürze in einen Geocaching-Parcours verwandeln sollten. Voller Vorfreude schaute Gunnar jetzt auf den Screen des GPS-Empfängers und konnte es gar nicht erwarten, dass wir endlich loslegten. Wir, das war die gesamte Abteilung, die sich hier versammelt hatte, ungefähr einen Monat nach meinem ersten erfolgreichen Geocache mit Sarah. Eingeteilt waren wir in zwei Teams. Jedes sollte eine Reihe von Caches heben, die nicht nur mit Rätseln, sondern teilweise auch mit Kletterpartien verbunden waren. Das Team, das als erstes alle fand, hatte gewonnen. Giebelstein, der Kreativtrainer, war auf Wunsch von Herrn Dr. Liebermann ebenfalls mit von der Partie. Er sollte die gute Laune des Ausflugs direkt auf Social Media übertragen, damit die ganze Welt sehen konnte, was für eine tolle Truppe wir waren. Aktuell fehlte dazu aber noch das Tolle. Die Truppe war bereits vollzählig.

Das selbst ernannte Team Gold wurde von Gunnar angeführt, und ich war dank meiner »Vorkenntnisse« Kapitän des anderen Teams. Wir hatten die Farbe Grün gewählt, wie die Hoffnung, die starb ja bekanntlich zuletzt. Meine Mannschaft bestand aus Jill, der Auszubildenden, pardon, ich meinte natürlich JYll, dem zukünftigen YouTube-Star. Rollo »Rodger« Rotkowski, unserem Systemadministrator, dessen Lieblingswort »Anwenderfehler« war und, wie sollte es auch anders sein, unser Chef Herr Dr. Liebermann war natürlich auch in meinem Team. Diesmal nicht mit Manschettenknöpfen und Bügelfalte, sondern in Golfhose und Schiebermütze. Und dann war da noch Achim, wie er selber sagte, das »vierte« Rad am Wagen.

»Alles klar, Team«, rief Dr. Liebermann und klatschte in die Hände, dass die Schiebermütze wackelte. »Dann wollen wir mal loslegen.«

»Eigentlich ist er doch der Kapitän«, unterbrach ihn Rollo behutsam und zeigte auf mich.

»Richtig, richtig!«, gab Dr. Liebermann lachend zurück. »Macht der Gewohnheit! Bitte, bitte, dann zeigen Sie mal, dass Sie ein richtiger *Leader* sind! Was sind unsere *OKRs* für heute?«

»Oh Kei Ars?«, fragte Achim. »Was soll das denn sein?«

»*Objectives and Key Results!*«, referierte Dr. Liebermann. »Damit wir genau wissen, wie wir die heutige Zielerreichung organisieren und quantifizieren.«

»Eigentlich müssen wir doch nur die Geocaches finden«, sagte ich nüchtern. »Und zwar alle und am besten vor den anderen.«

»Klar strukturiertes Vorgehen«, freute sich Dr. Liebermann. »Sie haben Führungsqualitäten.«

»Na, das passt doch dann wie angewurzelt!«, freute sich Achim.

»Das heißt: passt wie die Faust aufs Auge«, korrigierte ihn Rollo.

»Oder steh nicht rum wie angewurzelt«, ergänzte Jill.

»Was hat das eine denn mit dem anderen zu tun?«, fragte Achim verwundert.

»Na ja, gar nichts. Das sind ja auch eigentlich zwei Sprichwörter«, sagte ich genervt.

»Wie jetzt. Zwei Sprichwörter?«, wollte es Achim genauer wissen.

»Egal. Erkläre ich dir später«, sagte ich. »Aber in der Tat, lasst uns nicht wie angewurzelt hier rumstehen, sondern loslegen. Rollo gibt die ersten Koordinaten in das GPS-Gerät ein, und dann starten wir. Und Jill, nicht die ganze Zeit am Handy daddeln!«

Jill schaute vom Telefon hoch, und mich traf ein strafender Blick aus ihren von Kajal üppig umrandeten Augen.

»Und meine Fans?«, fragte sie vorwurfsvoll.

»Welche Fans denn?«, wollte Achim wissen.

»JYll, du bist voll fame«, las Rollo einen Kommentar unter einem von Jills YouTube-Kosmetiktutorials vor, eingerahmt in eine Unmenge von Emojis.

»Sag ich doch«, sagte Jill. »Ich habe schließlich eine Verantwortung. Meine Follower wollen genau wissen, was ich gerade mache.«

»Jetzt machst du am besten mal das Handy aus«, bemerkte ich genervt. »Hier geht es nämlich auch ohne, wir haben ja einen GPS-Tracker. Pack das Ding doch wenigstens mal für fünf Minuten weg.«

»Oh my god. Chill mal deine Base«, antwortete sie flapsig. Leader, OKRs, chill deine Base? Dieses dämliche Denglish verfolgte mich bis zum Abteilungsausflug. Es schien nicht mehr lange zu dauern, und man würde den Google Translator brauchen, um die eigenen Kollegen zu verstehen. Das konnte ja heiter werden!

»Mehr Drama, Leute!«, rief Giebelstein, der auf einmal neben uns aufgetaucht war. Er hielt sein Handy an einer langen Stange und setzte an, um so ein Foto von uns allen aus der Luft zu machen. »Von schräg oben kriegt man die beste Perspektive«, erklärte Giebelstein, der selbst ernannte Social-Media-Profi. »Nützt aber nix, wenn ihr so mega boring guckt, das kann ich hinterher ja nicht mal photoshoppen!«

Einige Zeit später waren wir bei der ersten Location angekommen, zumindest wenn man dem GPS-Empfänger Glauben schenken durfte. Wir standen an einer Kuhweide, und von einem Geocache war hier weit und breit rein gar nichts zu sehen. Meine Gruppe stand still und untätig herum. Jill guckte wieder auf ihr Handy, die anderen auf ihre Füße. Wenigstens war Giebelstein vorhin hektisch wieder zur anderen Gruppe gelaufen und konnte hier keine Unruhe verbreiten. Die Wiederkäuer hatten sich an ein schattiges Plätzchen unter einer Reihe von Fichten zurückgezogen und schmatzen seelenruhig vor sich hin, ohne uns Beachtung zu schenken.

»Auf geht's, Leute!«, versuchte ich, meine Leute zu motivieren. »Jetzt ist kein Chillen angesagt, sondern Suchen. Und zwar nicht bei Google, sondern in echt und offline.«

»Wo sollen wir denn hier etwas finden«, fragte Rollo missmutig. »Hier gibt's doch gar nichts.«

»Nun seien Sie mal nicht gleich so destruktiv«, fuhr ihn Dr. Liebermann von der Seite an. »Sehen Sie mal lieber zu, dass Sie in die Gänge kommen.«

Rollo trottete los, Jill ihm hinterher, vertieft in ihr Handy. »Ihr sucht auf dieser Seite der Koppel«, rief ich den beiden nach. »Wir checken die Seite mit den Bäumen. Und Jill, pack jetzt mal wirklich das Handy weg. Das nützt dir hier nichts mehr. Die Koordinaten auf dem GPS sind ziemlich genau, der Cache muss hier irgendwo sein.«

Rollo und Jill hatten sich schon ein Stück weit entfernt und reagierten nicht. Schwer zu sagen, ob sie mich gehört hatten oder nicht. Auch Dr. Liebermann, Achim und ich setzten uns in Bewegung; wir gingen also in die andere Richtung.

»Meinen Sie, der Cache ist auf einem der Bäume versteckt?«, fragte Dr. Liebermann.

»Das glaube ich nicht«, antwortete ich. »Als Schwierigkeitsgrad ist ›einfach‹ angegeben, da wäre eine Kletterpartie eher außergewöhnlich. Sucht mal eher alles in Bodennähe genau ab.«

»Aye, aye, Käpt'n!«, flötete Dr. Liebermann und kletterte durch den Zaun zu den Kühen.

»Ich weiß nicht, Herr Dr. Liebermann«, versuchte ich, ihn zurückzuholen. »Uns wurde doch gesagt, wir brauchen die Wege nicht zu verlassen. Alle Caches sind auch so zu finden.«

»Lassen Sie mich mal machen«, antwortete der Chef. »Eine gute Führungskraft muss auch out of the box denken können!«

Herr Dr. Liebermann stapfte unbeirrt auf die Kuhweide.

»Na toll«, seufzte ich.

»Also so kommen wir auf keinen grünen Nenner!«, stellte Achim fest.

Ich dachte gar nicht erst daran, Achim zu korrigieren. Wir hatten noch nicht einmal unseren ersten Cache gehoben, und ich war jetzt schon kurz vor dem Nervenzusammenbruch.

»Hashtag Teambuilding!«, hörte ich aus der Ferne und sah schon den Selfiestick, der in den Himmel ragte. Giebelstein war zurück von der anderen Gruppe, nun waren wir wieder an der Reihe für seine dämliche Social-Media-Doku.

»Also die anderen haben schon voll geliefert«, schwärmte er. »Die sind sooo instagramable!«

»Ja. Krass«, sagte Achim, der sein Smartphone rausgekramt hatte und sofort online schaute. »Gunnar hat das gleich gepostet und schon dreißig Likes.«

»Zeig mal!«, sagte ich genervt und schnappte mir Achims Telefon. Wieder grinste mich Gunnar aus dem Handy an und hielt stolz den ersten Geocache des Tages in die Luft. Er stand inmitten seines Teams, das ihn von allen Seiten anhimmelte. »TFTC!«, hatte er dazu gepostet.

»Thanks for the cache!«, übersetzte Giebelstein. »Und ihr so? Überhaupt, wo sind denn alle?«

Er sah sich um und erspähte Dr. Liebermann, der mitten auf der Wiese stand und in der Hocke irgendetwas auf dem Boden untersuchte.

»Ihr braucht euch nicht von den Wegen zu entfernen«, erklärte mir Giebelstein überflüssigerweise.

»Ich weiß«, presste ich durch die Zähne.

»Und die ganz dahinten«, er reckte sich und zeigte mit dem Finger in Richtung Jill und Rollo, die weit hinter der Koppel fast außer Sichtweite waren, »sind doch gar nicht mehr im Radius des Geocaches? Also da musst du dein Team mal besser instruieren.«

»Jaja«, antwortete ich, »lass uns mal machen. Komm doch

gleich noch einmal wieder. Gunnar hat inzwischen bestimmt wieder was Geiles gemacht.«

»Bestimmt! Gute Idee!«, bedankte sich Giebelstein und lief wieder zurück in die Richtung, aus der er gekommen war. Beim Laufen wippte sein Selfiestick im Wind.

Es half ja nichts, wir suchten weiter. Achim nahm das Gatter genauer unter die Lupe, und ich sah mir die Bäume an. Mich ärgerte, das Gunnar den Cache schon gefunden hatte und das natürlich auch gleich online ging. Außerdem nervte mich, dass Giebelstein direkt gemerkt hatte, dass ich die Truppe nicht im Griff hatte. Warum musste auch ausgerechnet ich das übernehmen, wo ich doch von Anfang an keinen Bock auf den Abteilungsausflug hatte? Während ich gedankenverloren unter den Bäumen längs schlenderte, fiel mir zwischen all den Tannenzapfen einer auf, der in der Sonne schimmerte. Ich bückte mich, um ihn genauer anzusehen – und Bingo! Ich hielt einen Fichtentannenzapfen aus Plastik in der Hand, der sich aufdrehen ließ. Das war mal ein kreatives Versteck, dachte ich. Ich rief nach den anderen. Jill und Rollo musste ich anrufen, da sie sich inzwischen zu weit entfernt hatten. Auch Dr. Liebermann kam fluchend von der Wiese zurück und versuchte, seine rahmengenähten Budapester Schuhe vom Kuhdung zu befreien. Er holte sich fast eine Zerrung, als er begann, sich die Schuhe von allen Seiten im Gras abzuwischen. Es dauerte also etwas, bevor ich die ungeteilte Aufmerksamkeit von Team Grün hatte. Aber dann drehte ich den Zapfen auf, und wir lasen gemeinsam die Instruktionen, die uns zum nächsten Cache führen sollten. Achim starrte dabei die ganze Zeit wie gebannt auf den Zapfen. Er konnte einfach nicht glauben, dass wir das Ding durch Zufall gefunden hatten.

»Wow!«, sagte er. »Du bist echt eine Trophäe auf deinem Gebiet!«

Nach ungefähr zwei Stunden hatten wir, neben dem Tannenzapfen, zwei weitere Caches gehoben. Einer war im leeren Haus einer Weinbergschnecke versteckt gewesen, und den anderen hatte Herr Dr. Liebermann eher durch Zufall beim Abstützen an einem Straßenpfosten gefunden. Das obere Katzenauge ließ sich nämlich aufklappen, und darunter wurden wir tatsächlich fündig. Nun waren wir auf dem Weg zum Finale. Dafür hatte sich der Veranstalter etwas Besonderes ausgedacht. Zum einen war der letzte Cache besonders schwer zu erreichen, zum anderen mussten wir diesen gemeinsam mit Gunnars Team erreichen.

»Everyone's a Winner!«, sagte Giebelstein, der uns mit breitem Grinsen und Handystick bereits erwartete. »Eigentlich müssten wir für TikTok noch was mit Tanzen machen, Videocontent knallt einfach mehr. Aber eure Kletterpartie geht auf Instagram bestimmt auch viral!«

»Stabil«, sagte Jill, was aber keiner als Zustimmung dechiffrieren konnte.

Scheiße, dachte ich. Da war sie nun, die Hochseilaktion. Mir wurde flau in der Magengegend, und ich sah hoch in die Baumkronen, die wie bei einer Baumwipfeltour mit Hängebrücken verbunden waren. Hinauf auf den ersten Baum kam man nur durch angeseiltes Klettern. Ich konnte das auf keinen Fall machen. Ich rief meine Truppe zur Einsatzbesprechung zusammen.

»So Leute«, stellte ich sie vor vollendete Tatsachen. »Bis hierhin und nicht weiter! Jetzt seid ihr mal an der Reihe.«

Reflexartig schauten sich wieder alle auf die Füße. Genau wie im Büro, wenn gefragt wurde, wer Protokoll schreiben will. Keiner sagte was, außer Dr. Liebermann.

»Das ist Chefsache«, sagte er und meinte natürlich nicht sich, sondern mich als Team-Kapitän. »So einfach können Sie sich jetzt nicht aus der Verantwortung stehlen. Wie heißt es so schön: When the going gets tough, the tough get going.«

»Ja«, stimmte ihm Rollo sofort zu, der bei seinem Gewicht ohnehin bereits sichtlich aus der Puste war. »Mach du das mal.«

»Was ist mit dir, Jill?«, forderte ich sie hektisch auf.

»Ahnma«, antwortete sie schroff und drehte sich weg.

Ich verstand schon wieder kein Wort, aber offensichtlich war es aussichtslos, das Finale Jill aufs Auge zu drücken. Blieb nur noch Achim.

»Mich musst du gar nicht so angucken«, kam er mir zuvor. »Ich mach das auf gar keinen Fall. Da reißt der Maus kein Faden ab!«

In dem Moment wusste ich nicht, was mich mehr nervte. Meine eigene Angst, die Ausreden der anderen, Achims falsche Sprichwörter oder Jills Jugendsprache. Ich merkte nur, wie sich alles in mir anspannte. Dann sah ich, wie Gunnar zum Baum ging. Gunnar, der geniale Geocacher, der Smart-Home-Heini und Insta-Idiot. Er war natürlich von seiner Gruppe auserwählt worden fürs Finale. Seine Perfektion nervte mich so sehr. Wie er da stand, bereits in voller Klettermontur mit Helm und Seil. Gut gelaunt und perfekt gestylt, und Giebelstein wieselte um ihn herum und machte Fotos für den Social-Media-Kanal. Das musste ein Ende haben. Ich würde es Gunnar zeigen. Ich nahm all meinen Mut zusammen, fasste mir ein Herz und ging mit festen Schritten meinem Schicksal entgegen.

Mit Helm und Seil sah ich natürlich nur halb so cool aus wie Gunnar, und sein Strahlemanngrinsen tat das Übrige. Dann gab Giebelstein auch noch die Anweisung zum Umarmen, damit er ein Foto von uns fürs Netz machen konnte. Und da standen wir nun, zwei ungleiche Typen mit einem gemeinsamen Ziel. Mitten in Schleswig-Holstein, umrahmt von Kuhweiden, weit ab vom Schuss und doch binnen Sekunden sichtbar für eine Milliarde Instagram-Nutzer. Bereits in diesem Moment kam der erste Kommentar rein. »Thumbs up, Gunnar!«, las Achim vor. »Wer ist denn der Lauch da neben dir?«

»Lauch?«, hakte ich nach. »Was soll das denn heißen?«

»Schwächling«, übersetzte Jill.

»Na, das wollen wir ja erst einmal sehen«, sagte ich selbstbewusst und nahm das Seil, um den Baum zu erklimmen. Dabei verschwieg ich natürlich, dass »der Lauch« beim Anschauen der hohen Bäume nur an ein Wort dachte: Schädelbasisfraktur.

Mein eigenes Gewicht an dem Seil hochzuziehen war anstrengender als gedacht. Vielleicht in Zukunft doch besser weniger Spaghetti Carbonara, dachte ich, während ich ins Schwitzen kam. Meine Arme wackelten wie Pudding, als ich mich mit letzter Kraft auf die Plattform hochstemmte. Ich sah nach unten, und mir wurde schlecht. Von der Höhe und beim Anblick von Gunnar, dessen drahtiger Körper sich mit einer Leichtigkeit den Baum hochbewegte, als sei er eine Kreuzung aus Mensch und Eichhörnchen. Dynamisch wie eh und je schwang sich das Eichmännchen auf die Plattform hoch, und wir standen vor mehreren langen Hängebrücken. Ich hielt mich am Baum fest und war schweißgebadet. Worauf hatte ich mich bloß eingelassen. Meine Höhenangst hatte mich fest im Griff. Wie komme ich runter, schoss es mir durch den Kopf, wie bin ich überhaupt raufgekommen, komme ich bald schon in den Himmel? Dann hätte ich's zumindest hinter mir, dachte ich. Dabei kam ich auf eine Idee. Vielleicht war das die Lösung. Sarah sagte immer »Je eher daran, desto eher davon«. Ohne weiter zu überlegen nahm ich meine Beine in die Hand und lief los. Gunnar stand noch auf der Plattform und war damit beschäftigt, für Herrn Giebelsteins Online-Berichterstattung zu posieren, und staunte nicht schlecht, als ich mit einem lauten Schrei die wackelige Hängebrücke entlangstürmte. Ich lief um mein Leben. Die Menge johlte. Giebelstein nahm von unten parallel zur Hängebrücke die Verfolgung auf. Er versuchte, mit dem Handy meine Flucht einzufangen.

»Leute, wir sind LIVE!«, rief er begeistert und filmte, wie ich schreiend den Baumwipfelpfad entlanglief, während er die ganze peinliche Szene direkt auf Instagram übertrug.

Ich rannte und rannte, die erste Brücke hatte ich bereits hinter mir gelassen. Ich sprang über die Plattform auf die nächste Brücke, und die Holzlatten ächzten und knackten unter meinem Gewicht. Aus Panik, ich könnte einbrechen, wagte ich einen Blick nach unten. Ich blickte in die Tiefe und schrie vor Schreck umso lauter. Die Brücke fing bedrohlich an zu wackeln. Im Laufen schaute ich mich um, und sah, dass Gunnar die Verfolgung aufgenommen hatte. Vor lauter Panik schrie ich noch lauter. Es klang geradezu hysterisch. Wären wir nicht in der Natur gewesen, hätte mein Schreien Scheiben zum Bersten gebracht. Ich versuchte, immer schneller und noch schneller zu rennen, und dann passierte es! Ich verfing mich plötzlich mit dem Schuh in einer der Sprossen der Hängebrücke. Mein Körper wurde in eine mehrere Meter lange Umlaufbahn katapultiert, und ich sah den wackeligen Sprossenboden blitzschnell näher kommen. Dann schlug ich der Länge nach auf. Mein Schrei stoppte abrupt, und auch die grölende Menge verstummte. Ich spürte, wie das Adrenalin aus meinem Körper wich und sich der Schmerz ankündigte. Gunnar tauchte über mir auf, und ich schaute in sein besorgtes, schweißgebadetes Gesicht. Nicht besonders instagramable, dachte ich noch, dann wurde mir schwarz vor Augen.

Zum Glück hatte es heftiger ausgesehen, als es wirklich war. Später, als wir alle zusammen am Lagerfeuer saßen, konnte ich schon wieder über meine irre Aktion lachen. Ernsthaft verletzt hatte ich mich nicht, lediglich ein paar blaue Flecken und Schürfwunden schmerzten, als ich meine verspannten Muskeln am Feuer wärmte. Es war alles ganz schnell gegangen. Im Eifer des Gefechts hatte mir Gunnar den Inhalt seiner gesamten Trinkflasche über den Kopf gekippt, und ich war sofort wieder zu mir gekommen. Danach hatte er mir beim Abstieg geholfen, und alle hatten sich wirklich rührend gekümmert. Achim hatte sofort den Verbandskasten parat, und selbst Jill hatte ihr Handy mal zur Seite gelegt und ein Glas Wasser besorgt. Später hatten wir sogar den Geocache noch alle zusammen gefunden, und irgendwie ließ mich das Gefühl nicht los, dass mein kleiner Unfall dazu geführt hatte, dass wir alle ein bisschen mehr aufeinander achteten. Ein wenig Glück im Unglück sozusagen. Vor lauter Aufregung hatten wir allerdings völlig das Video vergessen, das Giebelstein ins Netz gestellt hatte. Und als wir so gemütlich um das Feuer saßen und die wohlige Wärme genossen, piepte plötzlich Gunnars Telefon. Er drehte sich um und griff in seinen Rucksack.

»Ich wurde in einem Beitrag markiert«, sagte er, während er auf das Display schaute und dieses mit dem Wischen seines Fingers entsperrte. »Oha, dein Video wird hier aber heftig diskutiert.«

Schlagartig war die Entspannung verflogen und die Angst zurück. Was war da zu sehen? Was wurde da kommentiert? Was wusste das Internet über mich?

»Zeig mal her!«, sagte ich aufgeregt und nahm Gunnar sein Handy aus der Hand. Ich schaute mir das Video an. Es war peinlicher als erhofft. Zum Glück hatte Giebelstein es aus einer so unvorteilhaften Perspektive aufgenommen, dass man mich nicht wirklich gut erkennen konnte. Er hatte ja von unten gefilmt, und so sah man den Baumwipfelpfad, der bedrohlich hin- und herwackelte unter der Last eines albern dahinflitzenden dicken Männchens, das eunuchenartige, schrille Schreie ausstieß.

»Lauch! Hab ich doch gleich gesagt«, las Gunnar einen Kommentar laut vor.

So nett sich hier vor Ort alle kümmerten, so rücksichtslos wurde das Video bereits im Netz kommentiert. Unter dem Hashtag #Schisser ließ die Netzgemeinde ihrer Schadenfreude freien Lauf.

»Find ich voll fies, die waren doch gar nicht dabei und haben gesehen, was hier abging«, sagte Achim empört.

»Keine Sorge. Ich lösch das später«, versicherte mir Giebelstein, ohne zu wissen, dass es dafür schon längst zu spät war.

IV.
FOMO

Ü berall!«, regte ich mich auf. »Überall läuft dieses peinliche Video! Hashtag Schisser. Ich könnte Giebelstein an die Wand klatschen. Ich werde zum Gespött der Leute, und dieser aufgeblasene Heini hat nur ein Wort dafür: viral! Was soll das überhaupt heißen, bin ich jetzt ansteckend oder was?«

»Nein, bist du natürlich nicht, aber dein Video in gewisser Weise schon«, sagte Sarah. Wir standen im Schlafzimmer, und sie war gerade dabei, den Koffer zu packen. »Das ist viral gegangen, so nennt man das, wenn sich etwas im Internet wie ein Lauffeuer verbreitet. Der Giebelstein hat das doch nur von unten gefilmt. Man sieht gar nicht richtig, dass du das bist.«

»Und dann diese ganzen dummen Kommentare, haben die Leute nichts Besseres zu tun?«, empörte ich mich weiter.

»Diese Leute aus der Höhenangst-Community haben dich doch gleich in Schutz genommen«, lachte Sarah. »Hätte ich gar nicht gedacht, dass es so etwas gibt. Aber im Netz gibt's ja irgendwie alles.«

»Ist mir egal, ob es das alles gibt«, sagte ich sauer. »Ich kann jedenfalls darauf verzichten. Hätte Giebelstein sich nicht direkt darum kümmern können?«

Mich regte die ganze Sache wirklich massiv auf. Giebelstein hatte noch am Abend hoch und heilig versprochen, das Video zu löschen, dann aber irgendwie nicht daran gedacht. Und als er es schließlich wirklich aus dem Netz nahm, war es schon so oft kopiert und geteilt worden, dass gefühlt das ganze Internet voll davon war. Zum Glück hatte Sarah recht, wenn man mich nicht kannte, konnte man mich auf dem Video, das stark ruckelte und von schräg unten aufgenommen war, tatsächlich nicht gut erkennen. Wie ich da aber wie am Spieß schreiend durch die Baumwipfel jagte und dann auch noch der Länge nach ziemlich ungeschickt hinfiel, das war schon Slapstick pur. Und da das World Wide Web oft wirkte wie eine einzige globale Version von »Upps! – Die Pannenshow«, fand natürlich auch mein Missgeschick jede Menge Fans.

»Entspann dich«, sagte Sarah, die nachdenklich vor dem offenen Koffer stand. »Das Netz ist doch wie ein Strohfeuer. Die Leute verlieren sofort das Interesse, wenn das nächste Ding kommt. Wie die Katze, die auf dem Saugroboter rumgefahren ist oder so ein Blödsinn.«

»Du vergleichst mich also mit einer Katze, die auf einem Saugroboter rumfährt?«, fragte ich sie fassungslos. Ich hatte mir die Herrschaft der Maschinen immer vorgestellt wie im Film »Terminator«, wo Roboter mit Laserpistolen die Welt zerstören. Aber die Künstliche Intelligenz schien arglistiger zu sein und würde mich stattdessen als Gespött des Netzes noch weit qualvoller vernichten.

»Jetzt fahren wir erst einmal zu Martin nach Berlin, da kommst du auf andere Gedanken. Ich schaue mal, wie das Wetter wird.« Sie griff zu ihrem Telefon und tippte darauf rum.

»Kannst du nix mehr ohne Handy machen, oder was?«, raunzte ich sie an.

»Reg dich mal ab«, sagte Sarah, ohne von dem Gerät aufzuschauen. »Die neue App ist spitze. Da kann ich genau sehen, wie die nächsten Tage oder sogar die nächsten Stunden das Wetter wird. Und hier, was sag ich denn. Regen! Da nehme ich doch besser die andere Jacke mit.«

»Kommt eh immer anders, als man denkt«, murmelte ich sauer und verließ das Schlafzimmer. Vielleicht wusste Martin Jablonski Rat, schließlich war mein bester Freund aus Schulzeiten inzwischen Professor an der Uni. Also schrieb ich ihm eine Message.

> Bin der Lauch vom Internet. Müssen reden. Bis heute Abend!

> Es muss heißen DAS Lauch DES INTERNETS. Wie kann man bei so wenig Wörtern, nur so viele Fehler machen? 😫😫😫

Hoppla, Martins Antwort kam schneller als gedacht. Eigentlich war er in seiner Mobiltelefonnutzung eher antiquiert, aber der falsche Genetiv schien selbst ihn aus der Reserve gelockt zu haben. Er, der mit missionarischem Eifer dessen richtige Schreibweise verteidigte. Hier hätte mir doch zur Abwechslung die Autovervollständigungsfunktion meines Handys mal helfen können. Aber nein, der Algorithmus ließ mich mal wieder voll ins Messer laufen. Es war zum Mäusemelken. Selbst Martins Emojis, die auf dem Display leuchteten, schienen mich auszulachen. Ich war wirklich dem Internet sein Lauch und Legastheniker in Personalunion.

Schon bald befanden wir uns auf der Autobahn gen Berlin. Sarah saß am Steuer und bretterte mit einer wahnsinnigen Geschwindigkeit über die Autobahn. Ich hielt mich heimlich an der Innentür fest und versuchte, cool zu wirken, schließlich wollte ich weg vom Schisser-Image. Gerade jetzt, wo das Thema online in aller

Munde war. Ganz über meinen Schatten springen konnte ich natürlich nicht.

»Wenn du so schnell fährst, verbrauchst du nur unnötig Benzin«, schob ich einen Grund vor, damit sie endlich langsamer fuhr. Ping machte Sarahs Handy, das auf dem Armaturenbrett lag, was mich zusätzlich stresste.

»Jetzt geht's mal voran, das müssen wir ausnutzen«, antwortete sie. »Später in der Stadt ist wieder alles total verstopft, da brauchen wir dann ewig. Hier können wir ruhig mal ein bisschen Strecke machen.«

›Ping‹, schon wieder ging Sarahs Handy. Sie ließ sich dadurch nicht beirren und setzte bei hundertsiebzig zum Überholen an.

»Und dein Handy piept auch die ganze Zeit. Kannst du das nicht wenigstens auf lautlos schalten?«, fragte ich, während Sarah beschleunigte und den Wagen neben uns mit fast zweihundert überholte. Der Mann im anderen Fahrzeug schaute mich an und schüttelte mit dem Kopf. Wieder ging das Handy: ping!

»Boah, das nervt«, sagte ich und griff nach ihrem Telefon. »Ich schalte das jetzt auf stumm.«

»Guck mal lieber, wer sich da gemeldet hat«, schlug Sarah vor.

»Deine Schwester«, entgegnete ich, nachdem ich auf ihr Display geschaut hatte. »Drei neue Sprachnachrichten.«

»Ach klasse«, meinte Sarah, »spiel mal bitte ab, von Nora habe ich schon seit ein paar Tagen nichts mehr gehört.«

»Na ja, in den paar Tagen wird ja sicherlich nichts Weltbewegendes passiert sein, oder?«, sagte ich zu Sarah.

Ich war schlecht gelaunt. Mich nervte dieses Video im Internet. Es war peinlich genug, dass mir das vor den Kollegen passiert war, und jetzt machte ich mich auch noch öffentlich lächerlich. Außerdem nervte mich, dass Sarah so schnell fuhr und ihr Handy ständig bimmelte, und auf eine Sprachnachricht von ihrer Schwester hatte ich erst recht keine Lust. Ich fand Sprachnachrichten eh eine Zumutung. Menschen, die, anstelle einfach anzurufen, ohne Punkt und Komma, dafür aber mit einer Unmenge an Ähhs, Ohhs und nervigen Pausen unkonzentriert in ihr Handy laberten und den Empfänger dazu zwangen, sich diesen sprachlichen Totalausfall auch noch in voller Länge anzuhören. Nora war so eine Kandidatin. Sie schien zu versuchen, mit ihren Sprachnachrichten der »Unendlichen Geschichte« Konkurrenz zu machen. Aber ich hatte auch keine Lust, mich deswegen mit Sarah in die Haare zu bekommen. Die Stimmung war in letzter Zeit sowieso etwas angespannt. Ich gab also frustriert nach, stellte ihr Smartphone auf laut und drückte bei der ersten Nachricht auf Play.

»Mmmmh ja, ja, … ähh, Sarah? Hallo? Ja, hier ist Nora. Nikolas, warte doch mal. Mensch, bleib hier. Nicht auf die Straße rennen, habe ich gesagt. Mann! Wie oft soll ich dir das noch sagen. Ja, hallo. Also hier ist Nora, ich wollte mich mal melden. Mann, Charlotte, pass auf mit deinem Eis. Warte mal, ich hol mal ein Feuchttuch aus der Karre. Sarah, ich leg dich mal kurz weg, bin gleich wieder da …«

Aus Sarahs Handy ertönten jetzt diverse rumpelnde Geräusche, Kinderstimmen und Verkehrslärm.

»… so da, bin ich wieder. Jetzt aber. Nein, Nikolas, jetzt WARTE doch mal. Also Sarah, ich meld mich später noch einmal!«

Dann war wieder Stille im Auto.

»Kann deine Schwester keine Nachricht senden, wenn sie ohne ihre Zwillinge unterwegs ist?«, bemerkte ich sichtlich erstaunt über diese nichtssagende Nachricht.

»Mach mal die nächste an«, wies mich Sarah an, ohne auf meinen Kommentar einzugehen.

»Du willst noch eine Nachricht hören?«, fragte ich und äffte Nora nach. »Pass auf mit dem Eis, Nikolas, hallo, hallo, ist da wer?«

»Du kannst echt ätzend sein. Spiel bitte die Nachricht ab«, antwortete Sarah knapp. Dicke Luft war im Anflug. Sarah fuhr von der Autobahn ab. Ich drückte erneut auf den Play-Button, und Sarahs Schwester war zu hören.

»Laaaaass die Handykette los, Nikolas!« Ihre Stimme klang mächtig genervt, und man hörte Kinderlachen im Hintergrund. »Lass los, du kleiner Kobold!«, rief sie maximal angestrengt, während sie mit ihrem Sohn scheinbar um die Wette an der Kette zog. Dann brach die Nachricht ab.

Wir schauten uns an und mussten plötzlich beide lachen. Das entspannte die Stimmung etwas. Ich drückte noch einmal auf den Play-Button, um die letzte Nachricht vorzuspielen.

»Hallo Sarah, so jetzt ist endlich Ruhe hier. Wir sind jetzt auf dem Spielplatz, und ich kann mal ungestört telefonieren. Wobei ein bisschen peinlich ist mir das schon, hier so mit dem Handy unter den Kindern. Das machen ja sonst nur die Väter. Na ja, wie dem auch sei. Stell dir vor, Nikolas wollte mir mein Handy klauen. Zieht der einfach mit voller Kraft an der Kette! Fand der voll witzig, und ich war voll überfordert. Die Kleine hatte ja noch ihr Eis und ich meinen Coffee to go. Also ich sag dir, Zwillinge sind nicht doppelt anstrengend, sondern mindestens mal drei oder besser gleich mal vier. Ich wollte mal hören, wie es euch geht, seid ihr dieses Wochenende nicht in Berlin? Melde dich doch mal. Also, tschüssi!«

»Dafür hat sie sich jetzt extra den Stress gemacht, eine Nachricht aufzunehmen?«, erkundigte ich mich verwundert.

»Ist doch voll nett, dass sie sich meldet«, antwortete Sarah und schaute auf das Navigationsgerät. »Siehst du, kaum sind wir in der Stadt, zeigt das Navi schon alles rot an.«

»Pass auf!«, schrie ich laut, und Sarah stieg voll in die Eisen, um dem Vordermann nicht hintendrauf zu fahren. Der Stau, den das Handy angezeigt hatte, begann nämlich direkt vor unserer Nase, und Sarah hatte nicht auf die Straße geachtet, sondern aufs Display.

»Uups! Das hätte ins Auge gehen können. Danke fürs Bescheid geben.« Sarah war sichtlich erschrocken. Genervt schaltete sie das Navi ab. »Ist ja lebensgefährlich. Wir sind den Weg doch schon tausend Mal gefahren. Das kriegen wir auch ohne Navi hin. Vielleicht legen wir zur Abwechslung mal eine kurze Technikpause ein.«

Und obwohl man das heutzutage gar nicht mehr für möglich gehalten hätte, kamen wir einige Staus später tatsächlich bei Martin »Puschi« Jablonski im Prenzlauer Berg an – ganz ohne Navi. Martin war seit Jugendzeiten mein bester Freund, und seinen Spitznamen wurde er seit unserer gemeinsamen Hamburger Schulzeit nicht los. Das lag aber auch daran, dass er immer noch nicht so richtig »aus den Puschen kam«, wie wir im Norden sagten. So verschlafen, wie er aussah, benahm er sich auch. Alles dauerte bei ihm, und er war bekannt dafür, dass sich seine Gedankengänge in endlosen Spiralen irgendwo hinbewegten, jedenfalls selten zum Punkt. An der Universität, wo er arbeitete, schien seine Art allerdings eher von Vorteil zu sein, und die Studenten liebten ihren »verrückten Professor«. Ansonsten war die Liebe ein eher kompliziertes Unterfangen in Puschis bisherigem Leben gewesen. Ein Kennenlernen war schwer kalkulierbar und entsprach selten der berechenbaren Welt seiner Statistiken. Während er sich noch mit Eventualitäten beschäftigte, war die Chance meist schon vorübergezogen. Nun sollte alles anders werden, hatte er mir am Telefon versichert. Martin Jablonski hatte das Online-Dating für sich entdeckt. Wie das gehen sollte war mir ein Rätsel, schließlich war Puschi nicht nur ein Kämpfer gegen den falschen Genitiv, sondern auch ein militanter Social-Media-Gegner.

»Du hast mein peinliches Video wirklich nicht gesehen?«, fragte ich meinen Kumpel ungläubig, nachdem wir angekommen waren und in der Abendsonne auf seinem kleinen Balkon saßen und Bier tranken. Unter uns erstreckte sich der Kollwitzplatz, auf dem das Leben der Großstadt an diesem sommerlichen Abend pulsierte.

»Nö«, antwortete Martin. »Ich nutz das nicht. Social Media ist Teufelszeug. Facebook ist wie McDonald's, heiß und fettig serviert, macht nicht satt, aber ein schlechtes Gewissen. Auf Dauer wird man krank und unglücklich davon, da ist sich die Forschung inzwischen ausnahmslos einig!«

»Die meisten sehen im Netz aber ganz glücklich aus«, sagte Sarah beiläufig und nippte an ihrem Bier.

»Genau das ist ja das Problem«, antwortete Puschi. »Wenn man ständig vor Augen geführt bekommt, dass der Nachbar vermeidlich schöner, reicher, beliebter und talentierter ist als man selbst, ist doch klar, dass man davon Depressionen kriegt. Und abhängig macht das auch. Ein Klick, ein Kick. Ist nicht anders als bei Drogen.«

»Häh«, sagte Sarah und zog ihre kritische Augenbraue hoch. »Also ich benutze Social Media, um mit meinen Freunden in Kontakt zu bleiben, und das klappt auch super. Süchtig bin ich bestimmt nicht. Das kann ich von Berufs wegen wohl auch ganz gut einschätzen.«

»Wenn du dir da so sicher bist«, meinte Martin und wiegelte ab. »Ist ja auch egal. Ihr habt mich schließlich gefragt, warum ich das nicht nutze, aber wenn ihr gar nicht wissen wollt warum, dann können wir auch über etwas anderes reden. Aber die Wissenschaft weiß ja nicht erst seit gestern, dass das Gehirn sich in seiner grundlegenden Struktur seit über dreißigtausend Jahren nicht verändert hat. Deshalb KANN sich KEINER diesen urzeitlichen Strukturen entziehen, auch du nicht, Sarah, ob du nun willst oder nicht!«

Ich bemerkte sofort, dass Martins belehrende Art Sarah nervte, aber er hatte sie auch irgendwie neugierig gemacht. Ihr Medizinstudium war länger her, und ganz genau hatte sie die Zusammenhänge nicht mehr vor Augen. Sie stellte ihr Bier neben die Schale Chips, wo, wie sollte es auch anders sein, ihr Handy lag, und wandte sich Martin zu. Und obwohl ich versuchte, sie mit meinen Blicken zu warnen, stellte sie die Frage, die Puschis berühmten Erzählfluss in Gang setzten sollte, der wahllos den Strömungen seiner Gedanken folgte und der daher nur schwer zu stoppen war.

»Das musst du mir mal genauer erklären«, sagte Sarah.

»Nucleus accumbens!«, rief Martin energisch und saß plötzlich kerzengerade auf seinem Klappstuhl. Sein Zeigefinger schnellte in die Luft, und er blickte erfreut in unsere ratlosen Gesichter. »Der

Nucleus accumbens ist Teil des mesolimbischen Systems und wird getriggert durch Dopamin und versendet selber einen Neurotransmitter aus Gamma-Aminobuttersäure, abgekürzt GABA.« Professor Jablonski machte eine theatralische Pause und genoss sichtlich, dass wir beide keinen Schimmer hatten, wovon er sprach. Sarah versuchte, sich wenigstens dunkel an ihre Biologievorlesungen an der Uni zu erinnern, ließ sich aber immer wieder von ihrem Handy ablenken. Gedankenverloren sagte sie zu sich selbst: »Die Häkchen sind doch blau. Sie hat die Nachricht also gelesen. Wieso antwortete die denn nicht?«

»Bei Sarah sehen wir den Regelkreis bereits in Aktion!«, fuhr der Professor fort und sah Sarah dabei an, die das Handy wieder weggelegt hatte und nicht verstand, was das eine nun mit dem anderen zu tun haben sollte.

»Was denn für ein Regelkreis?«, fragte sie perplex.

»Evolutionsbiologisch ist das im Grunde genommen einfach erklärt«, setzte Professor Puschi seine Vorlesung fort. »Da früher Dinge, die das Überleben sicherten, wie zum Beispiel Essen, Fortpflanzung oder Besitz, knapp waren, musste das Hirn einen besonders intensiven Reiz schaffen, der uns antreibt, in Situationen des Mangels möglichst viel davon zu bunkern, um so das Bestehen unserer Art zu schützen. Das Belohnungssystem schüttet deshalb Dopamin aus, ein euphorisches Hochgefühl, von dem wir nicht genug kriegen können, damit wir richtig Spaß daran haben, als Schutz viel zu horten oder uns ein Fettpolster zuzulegen.«

Während Puschi sprach, griff ich unbemerkt unter mein T-Shirt und tastete nach meiner eigenen Fettreserve, die ich, wie ich feststellte, für sehr magere Zeiten großzügig angelegt hatte. Schwergefallen war mir das tatsächlich nicht.

»Ist die Befriedigung des Bedürfnisses dann erfolgt, schüttet das Belohnungszentrum zusätzlich GABA aus, das angsthemmend ist und uns ein wohliges Glücksgefühl beschert«, führte Professor Puschi weiter aus.

»Und jetzt willst du mir weismachen, dass das mit den Häkchen auf dem Handy genauso ist«, unterbrach ihn Sarah skeptisch, »dass die jedes Mal ein unterschwelliges Glücksgefühl auslösen? Und selbst wenn, das sind ja homöopathische Dosen!«

»Soziale Bestätigung ist einer der stärksten Trigger«, kam Puschi immer mehr in Fahrt. »Und allein die Erwartung löst Dopamin aus. Die Krux daran ist, dass das Gefühl, das durch GABA erzeugt wird, so entspannend und schön für uns ist, dass der Körper immer mehr davon will. Sprich, mehr Dinge, die Spaß machen, dadurch mehr Dopamin und als Folge auch mehr Entspannungsbotenstoff. Das ging früher nicht, da die Ressourcen begrenzt waren. Heute geht das ganz leicht. Alles ist immer verfügbar. Und ja, selbst die Rückmeldung auf deinem Telefon, auf die du so sehnlichst wartest, löst eine kleine Dosis Dopamin und GABA aus. Das Problem ist, wir rufen tagtäglich viel zu viel davon ab, indem wir unsere Lust nach Ablenkung mit Essen, Netflix oder eben dem Handy stillen. Viele Leute checken das Handy ja heutzutage mehr als zweihundert Mal am Tag. Das sind dann keine homöopathische Mengen mehr. Die Speicher für diese Botenstoffe sind damit überstrapaziert, es braucht also immer stärkere Reize und auch eine immer stärkere Wiederholung. Ähnlich wie bei Drogen erhöhen wir also unbewusst die Dosis.«

Ich sah zu Sarah rüber, sie wich meinem Blick aus.

»Also ich weiß nicht«, hielt sie dagegen. »Wir gucken ja auch abends mal eine Serie und sind dadurch doch keine Junkies.«

»Paracelsus sagt, allein die Dosis macht, dass ein Ding kein Gift ist«, fuhr Martin wild entschlossen fort. »Ich weiß, es klingt wie eine Floskel, aber es ist tatsächlich so: Wir gewöhnen uns zu schnell, und dann brauchen wir mehr. Um einige Dinge wieder schätzen zu lernen, sollten wir aber eher reduzieren. Weniger statt mehr. Aber Pustekuchen, wir entleeren lieber unsere Speicher so stark, dass immer weniger Dopamin und GABA ausgeschüttet werden. FOMO hat uns fest im Griff!«

»FOMO?«, fragte ich. »Was soll das denn sein?«

»Fear of missing out. Die Angst etwas zu verpassen«, erklärte Martin hastig. »FOMO führt unweigerlich zum Wohlfühlparadoxon. Je mehr wir konsumieren, desto mehr entleeren sich die Speicher. Unsere Handyakkus laden wir täglich auf, aber unsere Glücksbatterien saugen wir restlos leer. Anstatt diese durch Ruhe und Verzicht zu regenerieren, erhöhen wir stattdessen die Dosis in dem Irrglauben, uns ginge es dabei besser. Dabei fühlen wir uns immer schlapper, unkonzentrierter und gereizter.«

»Aber online präsentieren alle trotzdem ihr perfektes Leben«, stellte Sarah gereizt fest. Sie hatte die Arme vor sich verschränkt, und ihre Augen waren zu kleinen funkelnden Schlitzen mutiert.

»Ganz genau. Und das verschärft zusätzlich den Druck und damit das Problem«, redete sich Puschi in Rage. Sein Gesicht war inzwischen puterrot. Er war von seinem Klappstuhl aufgestanden und schwang mit großer Dramatik seine Rede auf dem kleinen Balkon. Unter ihm das abendliche Berlin, in dessen Cafés und Straßen die Screens der Smartphones leuchteten.

»Zum einen saugt Social Media also regelrecht unsere Dopamin-Reserven leer, zum anderen macht uns der vermeidliche Konkurrenzdruck noch zusätzlich unglücklich. Unterbewusst geht es ja biologisch darum, die Chance auf Reproduktion zu erhöhen. Attraktivität, Gesundheit, Besitz und so weiter erhöhen theoretisch die Möglichkeiten, einen auch genetisch gut situierten Partner zu finden. Wenn man aber dabei immer schlecht abschneidet, macht das auf Dauer schlechte Laune. Und in Social Media stellen sich nicht nur alle besser dar, als sie wirklich sind, teilweise gibt es diese perfekten Personen ja nicht einmal. An der Uni hat mir letztens ein Kollege von einer Influencerin erzählt, die komplett durch Künstliche Intelligenz erzeugt wird und trotzdem fast drei Millionen Follower hat. Und diese durch einen Algorithmus erzeugte völlig fiktive Frau macht Selfie-Videos und wirbt für Handtaschen. Das ist nicht nur Manipulation, das ist doch der komplette Irrsinn. Das muss man sich mal vorstellen!«

»Verrückte Geschichte, apropos Reproduktion ...«, versuchte ich behutsam das Thema zu wechseln. Denn je mehr Martin sich reinsteigerte, desto stärker begann Sarah mit verschränkten Armen auf ihrem Stuhl hin- und herzurutschen, und auch ihre kritische Augenbraue hatte bedrohliche Ausmaße erreicht. »Hast du nicht letztens am Telefon erwähnt, dass du auch irgendwas mit Online-Dating machst?«

»Du machst Online-Dating?«, platzte es aus Sarah heraus. »Wie soll das denn gehen als totaler Fortschrittsverweigerer im Gammelpulli?«

Puschi sah sie auf einmal erschrocken an, blieb noch einen kurzen Moment stehen, machte einen Schritt zurück und sackte dann erschöpft auf dem kleinen grünen Klappstuhl in sich zusammen. Die rote Farbe war aus seinem Gesicht gewichen, und er hing da wie ein Häufchen Elend in seinem viel zu großem ausgebeulten Fleecepullover. Martin »Puschi« Jablonski wirkte plötzlich verletzlich wie ein kleiner Junge.

»Absolute Verzweiflungstat!« Mit einem Mal war der große

Professor Jablonski ganz kleinlaut. Er schaute beschämt auf den Boden und sagte leise:»Vierundsechzig Prozent größere Auswahl als im wirklichen Leben ... sagt die Statistik.«

»Nun lass den Kopf mal nicht hängen. Ich habe es nicht so gemeint«, versuchte Sarah behutsam einzulenken. Sie war selber überrascht, wie schnell der Themenwechsel Martin aus der Fassung gebracht hatte, ja, regelrecht umgehauen hatte es ihn. Sarah hatte schlagartig Mitleid empfunden, und er sah auch wirklich elend aus. Sie beugte sich zu ihm rüber und fragte:»Erzähl mal. Was ist denn passiert?«

»Erst viel Dopamin, dann wenig GABA«, antwortete Martin, der seinen professoralen Glanz vollkommen verloren hatte und einfach nur enttäuscht klang.»Beim Online-Dating startet man mit hohen Erwartungen, aber dann kommt es zu keinem nachhaltigen Erfolg. Das ist da ja auch nicht anders als in den sozialen Netzwerken. Alles Manipulation. Die Leute denken sich aus, wer sie gerne wären, und stellen sich so dar, und dann trifft man die, und dann sind die ganz anders. Manchmal erkennt man die überhaupt nicht wieder!«

»Wie, man erkennt die nicht wieder?«, fragte Sarah vorsichtig nach.

»Na ja, guck mal hier«, Martin holte sein Smartphone aus der Tasche seines ausgeleierten Fleecepullovers und rückte zu Sarah rüber.»Hier im Doppelgänger-Modus kann man zum Beispiel auswählen, welcher Person der zukünftige Partner ähnlich sehen soll, und dann lädt man ein Foto hoch oder klickt hier, und per Gesichtserkennung sucht das System dann Personen, die demjenigen optisch gleichen.«

Ich versuchte über Sarahs Schulter hinweg ebenfalls einen Blick auf seinen Bildschirm zu werfen. Aber irgendwie hatte ich das Gefühl, Martin drehte das Telefon bewusst von mir weg, sodass ich nicht sehen konnte, was vor sich ging.

»Ähnlichkeit ist aber schon vorhanden«, kommentierte Sarah die Fotos, die beide auf seinem Handy betrachteten.

»Das sieht hier nur so aus«, sagte Puschi traurig. »Aber in Wirklichkeit, ich sage es dir, sind die alle ganz anders.«

»Wer ist denn das auf dem Originalbild? Geschmäcker sind ja verschieden, aber wie soll ich sagen, die sieht ja nun … Ich sag's mal so, viele würden wahrscheinlich eher nach Cameron Diaz und Co suchen als nach einer eher unscheinbaren grauen Maus«, versuchte ihm Sarah vorsichtig zu vermitteln, dass sie seine Bildauswahl wohl eher ungewöhnlich fand. »Von wann ist das Bild überhaupt? Das sieht ja uralt aus!«

Ich versuchte, mich dezent zu verbiegen, um doch noch einen Blick auf Puschis Handy zu erhaschen, bekam aber einfach keine Chance.

»Ist doch egal«, entgegnete Martin trotzig und ließ das Handy sinken. »Der Punkt ist, keine kommt an das Original nur ansatzweise heran.«

In dem Moment, als er im Begriff war, das Handy wieder im Fleecepulli verschwinden zu lassen, konnte ich das Bild für einen kurzen Augenblick sehen.

»Ist das etwa Juliana Schmidtpott aus der 12c?«, platzte es aus mir heraus.

Puschis Gesicht war in Nullkommanix röter als sein rötestes Vortragsrot.

»Was?«, fragte er und tat so, als hätte er mich nicht gehört, während er sein Telefon tiefer in seine Tasche schob.

»Juliana Schmidtpott aus der 12c! Die Blonde mit dem Pferdeschwanz. Hab ich mir schon damals gedacht …«, rief ich laut lachend.

Aber weiter kam ich nicht. Sarah hatte mir ihre Hand auf das Bein gelegt, um mir ein deutliches Signal zu senden, dass ich sofort ruhig sein sollte. Mein bester Freund versank gerade vor Scham in Grund und Boden, und ich freute mich lauthals, dass sich ein Verdacht erhärtete, den ich schon seit Schulzeiten hegte. Martin Jablonskis heimliche Liebe zu Juliana Schmidtpott hatte nicht nur die Oberstufe, sondern auch die letzten zwanzig Jahre überdauert. »Wisst ihr was«, brach Sarah den Moment des peinlichen Schweigens. »Wir gehen heute Abend mal richtig feiern, dann kommen wir alle auf andere Gedanken!«

Das dichte Gedrängel am Tresen machte es fast unmöglich, an eine neue Runde Bier zu kommen. Eingeklemmt zwischen zwei Typen wartete ich in zweiter Reihe und kam nicht vorwärts, aber auch nicht mehr zurück. Puschi war nach dem Eklat auf seinem Balkon nur widerwillig mitgekommen. Aber nach Sarahs grandiosen Überredungskünsten war er sogar bereit gewesen, zu duschen und seine in die Jahre gekommene Fleecejacke gegen ein frisches Hemd auszutauschen. Nun waren beide auf der Tanzfläche und bereits voll in Fahrt. Ich drehte mich um und schaute rüber, sie schienen sich bestens zu amüsieren, auch wenn sofort auffiel, das Jablonskis Terrain eher der Hörsaal war und nicht der Dancefloor.

»Hier, dein Bier«, schrie ich und reichte ihm die Flasche, als ich endlich erfolgreich vom Tresen zurückgekehrt war. »Krass viel los hier!«

»Janz Berlin is eene Wolke!«, berlinerte er laut lachend, begleitet von einem eigentümlichen Hüftschwung, der mich an unsere Abi-Party erinnerte und den ich seit damals auch nie wieder gesehen hatte. Egal, Puschi schien glücklich, und Sarah freute das, denn ihr schlechtes Gewissen war vergessen und überraschenderweise sogar ihr Handy. Es hing unbenutzt an der Nabelschnur und hüpfte fröhlich zum Beat. Damit war es hier eher die Ausnahme als die Regel. Erschreckend viele der jungen Gäste starrten auf ihre Handys, und ich stellte mich an den Rand der Tanzfläche, um aus sicherer Entfernung den Smartphone-Zombie in freier Wildbahn zu beobachten.

Der gemeine Smombie, auch zoologisch Phono Sapiens Remotius genannt, gehört zu der Klasse der Wirbeltiere. Bereits beim ersten Blick fällt aber schon der anatomisch entscheidende Unterschied zum Homo Sapiens auf. Trägt Letzterer den Kopf gerade auf den Schultern, zeigt sich beim Phono Sapiens eine starke Krümmung im Halswirbelbereich um circa fünfundvierzig Grad. Zusätzlich zur Nabelschnur sehen wir hier eine evolutionsbedingte physiognomische Veränderung, die sicherstellt, dass das lebensnotwenige Gerät nicht aus den Augen verloren wird. Die zusätzliche Zuglast von zweiundzwanzig Kilo, die auf die Bänder im Halsbereich einwirkt, kann teilweise durch die gleichzeitig reduzierte graue Gehirnmasse ausgeglichen werden, da durch die Auslagerung des Wissens ins Netz weniger Kapazität benötigt wird. Aufgrund der symbiotischen Verbindung zum Gerät, hat sich auch die Aufmerksamkeitsspanne von zwölf auf acht Sekunden angepasst, sodass sich zwar ein gewöhnlicher Goldfisch länger konzentrieren kann, das aber keine Rolle spielt, denn die Kommunikation innerhalb der Spezies hat sich bereits assimiliert und auf das Wesentlichste verkürzt: ASAP, LOL, BFF, OMG oder GN8.

Beim Phono Sapiens handelt es sich nämlich um ein ausgeprägtes Herdentier. Dennoch zeigt es auch innerhalb der Gruppe in kurzen Abständen ein sehr autonomes, ja fast schon seltsam isoliertes Verhalten. Der Smombie lebt gewissermaßen in zwei Aggregatzuständen, extrovertiert kommunikativ, fast schon übersprudelnd aktiv innerhalb der Gruppe, und im nächsten Moment erstarrt wie eine Salzsäule, unansprechbar, einzig allein die Finger bewegen sich zum Rhythmus des Algorithmus. Dabei verbindet er auf faszinierende Weise zwei Welten miteinander. So scheint es ihm möglich, gleichzeitig in der echten und in der virtuellen Welt Bindungen aufzubauen und Beziehungen zu pflegen. Ein ritualartiges charakteristisches Merkmal stellt dabei das Selfie dar. Es nimmt als soziales Signal einen extrem hohen Stellenwert in der Kommunikation der Smombies ein. Beobachtet werden typischerweise das Selfie innerhalb der Gruppe, was dem Zusammenhalt der Gemeinschaft dient, im krassen Gegensatz dazu steht das Selfie-Selfie, was zur reinen Selbstdarstellung eingesetzt wird. Ähnlich wie bei dem sogenannten Foodporn-Selfie (überhöhte Darstellung von diversen Nahrungsmitteln inklusive deren Darreichung), bedient sich der Phono Sapiens dabei einer ausgeklügelten Mimikry. Die Dinge, die er fotografiert, einschließlich sich selbst, werden bis zur Unkenntlichkeit mithilfe von technischen Filtern und Algorithmen verändert, damit sie einer Norm entsprechen, die nur noch entfernt an die Begebenheiten der echten Welt erinnern. Somit lebt er gewissermaßen in zwei Welten mit zwei Identitäten – selbst wenn die Menschen, mit denen er online kommuniziert, direkt neben ihm stehen. Wobei nicht auszuschließen ist, dass sie ihn durch die virtuelle Verfremdung schlichtweg nicht wiedererkennen.

Eine solche Szene zeigte sich auch hier im natürlichen Habitat des Phono Sapiens. Direkt vor meinen Augen stand die Gruppe, tippte, schaute auf, unterhielt sich kurz und tippte dann weiter. Plötzlich geschah es! Ich wurde Zeuge eines seltenen und für mich nur schwer nachvollziehbaren primitiven Balzverhaltens. Einer der Smombies löste sich sprunghaft aus der Gruppe, trennte sich überraschenderweise von Nabelschnur und Gerät, rannte auf den Dancefloor, ließ sich bei einer Tanzeinlage filmen und stellte sich, so schnell wie er gekommen war, wieder in seine Ecke zurück. Da er sofort das triebgesteuerte Tippen wieder aufnahm, ist davon auszugehen, dass er seinen Liebestanz direkt mit der Netzgemeinde teilte. Interessanterweise schien das aber wiederum in seiner direkten Referenzgruppe vor Ort keine Rolle zu spielen. Der heutige Smombie scheint also überall zu sein, aber auch nirgendwo richtig. Er zeigt der Welt, dass er tanzt, aber nur um der Welt zu zeigen, dass er tanzt, und nicht um wirklich zu tanzen. Mir schwirrte der Kopf. Ich nahm einen tiefen Schluck aus der fast leeren Bierflasche. War die Welt wirklich verrückt geworden, oder hatte ich einfach nur zu viel getrunken? Ich beschloss, meine Feldstudie am Phono Sapiens Remotius ein anderes Mal fortzusetzen, und ging auf die Suche nach Sarah und Martin.

An der Bar wurde ich fündig. Ich weiß beim besten Willen nicht wie, aber die beiden hatten es hinbekommen, sich Barhocker zu ergattern, und waren in dem wuseligen, zum Bersten vollen Club in ein tiefgründiges, fast melancholisches Gespräch über die Liebe in Zeiten des Internets abgetaucht.

»Das Netz ist eigentlich ein einsamer Ort«, philosophierte der angetrunkene Martin. »Wie auf einem Jahrmarkt. Alles blitzt und blinkt, es gibt unendliche Möglichkeiten. Aber alles bleibt oberflächlich. Das nächste Date wird einfach online mit einem Daumenwisch entschieden. Ich weiß gar nicht, ob das überhaupt noch realistisch ist, jemanden im echten Leben kennenzulernen, so wie bei euch damals. Ich habe das Gefühl, wenn man weggeht, sieht man nur noch Leute, die sich vorher bereits online kennengelernt haben. Heute fühlt sich irgendwie alles berechenbarer an. Hätte ich nie gedacht, dass ich das mal sagen würde, aber so ist Statistik echt unsexy.«

»Aber du hast doch selber gesagt, dass die meisten maßlos in ihren Profilen übertreiben«, antwortete Sarah. »Das würde doch bedeuten, dass viele bei dem wirklichen Treffen dann enttäuscht sind, aber ja immer noch auf Partnersuche. Das heißt, auch hier müssten doch theoretisch einige enttäuschte Online-Dates rumlaufen, die noch zu haben sind, oder?«

»Hmm. Guter Punkt«, erwiderte Puschi, und sein Blick schweifte sofort prüfend durch den Raum. »Aber da hört das Problem ja nicht auf. Heutzutage scheint die Hürde für die Leute offline höher. Beim Dating-Service kommt der Match ja erst zustande, wenn sich beide unabhängig voneinander für das Profil des jeweiligen anderen entscheiden. Online kriegt man nie einen Korb, im echten Leben schon!«

»Mag sein, aber die Probleme kommen dann später«, sagte Sarah abgeklärt. »Das ist doch reine Oberflächlichkeit. Der perfekte Partner ist doch ein Trugschluss. In einer Beziehung bleiben die schlechten Seiten nicht lange verborgen.«

Sarahs perfekter Partner, zumindest aus meiner Sicht, stand immer noch eingequetscht schräg hinter den beiden. Ich wusste allerdings nicht, was ich zu dem Gespräch beitragen sollte. Internet hin oder her, Puschi hatte auch schon vor den neuen digitalen Zeiten Probleme gehabt, Frauen anzusprechen. Ich hätte sogar vermutet, dass dieser Kanal insbesondere für introvertierte Menschen viele Möglichkeiten eröffnete. Aber ich hielt mich lieber raus, die Entdeckung seiner Liebe zu Juliana Schmidtpott war genug seelische Belastung für einen Abend, vor allem für so ein sanftes Gemüt wie Martin Jablonski. Ausgerechnet die stille Juliana Schmidtpott mit dem strengen Zopf und der kleinen Nickelbrille. Vermutlich hätten die beiden tatsächlich zueinander gepasst. Hätte es damals schon die Möglichkeit gegeben, sich anonym und unabhängig voneinander gegenseitig auszusuchen, wer weiß, vielleicht hätte es Match gemacht.

Plötzlich drehte sich ein Typ, der neben den beiden an der Bar saß, zu mir um und schaute mich prüfend an. Ich wich seinem Blick aus und tat so, als sei ich in ein Gespräch mit Martin und Sarah vertieft. Aber obwohl ich wegschaute, spürte ich, dass er nicht von mir abließ. Irgendetwas schien ihn zu beschäftigen. Und als ich mich noch einmal umdrehte, um zu gucken, ob er noch guckte, drehte er sich komplett zu mir und sprach mich an.

»Ich glaub's ja nicht«, sagte er und dann zu seinem Nachbarn, »das ist der.«

»Wer?«, fragte der und drehte sich ebenfalls um.

»Der Fuzzi!«, erklärte er seinem Kumpel.

»Was denn für ein Fuzzi?«, fragte dieser eher uninteressiert.

»Na aus dem Internet!«, erläuterte er weiter und sah mich wieder an. »Das bist du doch oder etwa nicht?«

»Ich?«, tat ich erstaunt. »Da müssen Sie mich verwechseln.«

»Ein bisschen anjedudelt bin ich vielleicht«, ließ er nicht locker, »aber dich erkenn ich doch. Kommt man im Netz ja auch kaum vorbei. Läuft doch überall.«

»Was heißt hier überall?« Ich bekam Panik. Vor nichts hatte ich mehr Angst als vor einem Shitstorm.

»Ich weiß nicht, wovon Sie reden!«, wehrte ich mich vehement.

»Was ist denn los?«, mischte sich Martin ein.

»Der ist das«, war sich der Unbekannte jetzt sicher, kramte sein Handy raus und sah mich an. »Das ganze Internet steht doch Kopf … wegen dir!«

»Deinetwegen!«, blaffte Martin ihn sofort erzürnt an.

»Meinetwegen?«, fragte der eine Typ verdutzt nach. »Was hab ich denn damit zu tun?«

»Der Dativ wird nur verwendet, wenn die Präposition vor einem ›unbekleideten‹ Nomen steht«, erklärte Martin dem Unbekannten patzig. »Wegen Dummheit geschlossen zum Beispiel.«

»Was redet der denn da?« Der Unbekannte war sichtlich verwirrt. Es schien aber, als wollte er auch den besoffenen Martin Jablonski nicht weiter provozieren. »Wollte dir nur sagen, dass dein Beitrag im Internet echt voll abgeht.«

»Wie so ein Shitstorm oder was?«, platzte es aus mir heraus. Ich konnte mich einfach nicht länger dumm stellen, ich war zu neugierig zu erfahren, was vor sich ging.

»Nein Mann, keine Sorge!«, sagte einer der beiden lachend. »Das wird vielleicht ein viel größeres Ding. Eine Challenge!«

»Wie jetzt, größeres Ding?«, fragte ich irritiert nach. »Was denn für eine Challenge?«

»Na, die Menschen fangen an, deinen Move zu machen. Das schafft nicht jeder!« Der Kerl zeigte mir auf seinem Telefon, wie ein kleiner Junge auf der Lehne einer großen Couch balancierte, als wäre sie der Baumwipfelpfad, und dabei meinen Schrei imitierte, darunter stand #SchisserChallenge.

Ich sah den Typen entgeistert an. »Schisser-Challenge?? Ach du Sch…«, wollte ich sagen, aber Sarah unterbrach mich, drehte sich zu mir und Martin um und sagte: »Unsere Drinks sind alle. Kommt, wir gehen. Deinetwegen oder meinetwegen, mir egal.«

Wenig später waren wir auf dem Nachhauseweg noch in einer kleinen Kaschemme eingekehrt, die letzte ihrer Art im Prenzlauer Berg. Den ganzen Weg über hatten wir wild diskutiert, und jetzt saß unser Krisenstab beim Absacker und versuchte, Herr der Lage zu werden.

»Ich hab uns erst einmal Nachschub geholt«, sagte Sarah und stellte drei Bier und drei Schnäpse auf den Tisch. »Ich fasse mal zusammen: Der eine ist der Lauch des Internets, der andere sucht die Doppelgängerin einer heimlichen Liebe aus Schulzeiten. Na denn: Prost!«

»Lauch«, sagte ich beleidigt. »Dieses bekloppte Wort. Versteht doch eh kein Mensch. Und Challenge? Wie kommen die überhaupt darauf, mich nachzumachen? Wer will das denn sehen?«

»Oftmals ist es doch so. Je absurder, desto besser«, antwortete Martin mit glasigen Augen. »Der Schisser scheint einen Nerv getroffen zu haben. Man muss sich nicht schämen, seine Angst offen zu zeigen, sich zu seiner Hilflosigkeit zu bekennen.«

»Hilflos? Bin ich jetzt bedürftig oder was?« Jahrelang hatte ich versucht, das Schisser-Image loszuwerden, und jetzt schien sich genau das Gegenteil zu verfestigen.

»Na ja, gewissermaßen als Gegenentwurf zu einer Welt, in der es immer nur eine Richtung gibt: höher, schneller, weiter, schöner«, philosophierte Puschi. »So eine Art Antiheld als Gegengewicht zur Perfektion.«

»Ich soll das Gegengewicht der Perfektion sein, bist du breit oder was?« Ich war selber nicht mehr ganz Herr meiner Sinne, aber so langsam hatte ich die Schnauze endgültig voll. »Guck dich mal an. Also ich kenn keinen, der beim Online-Dating noch nie angeklickt wurde.«

»Jungs, jetzt fangt mal keinen Streit an«, ging Sarah schlichtend dazwischen. »Überlegt mal lieber, wie wir das mit dem Video in den Griff kriegen!«

Am Tisch herrschte für einen Moment Stille. Alle dachten nach, aber in Anbetracht der Menge an Alkohol, die wir intus hatten, fiel es uns schwer, einen klaren Gedanken zu fassen.

Dann sagte Puschi plötzlich:»Eine Idee hätte ich vielleicht. Kann nicht sagen, ob das was bringt. Aber einen Versuch wär's wert.«

»Lass hören! Bevor diese Challenge sich noch weiter verbreitet, kann ich jeden Rat gut gebrauchen«, sagte ich sofort.

»Auf einem Kongress klagte ich neulich einem Kollegen mein Leid über die ganze technische Entwicklung, und da verwies er mich an eine Kapazität auf dem Gebiet, Prof. Dr. Dr. Hagen von Frankenheimer. Der ist gleichermaßen umstritten und umtriebig. Keiner weiß so genau, was in seinem seltsamen Institut der Künstlichen Intelligenz so vor sich geht. Aber das weiß man online ja auch nie so genau. Ich würde es mal versuchen.«

»Seltsames Institut des Dr. Frankenheimer?«, fragte Sarah lachend nach.»Klingt ein bisschen nach dem Schreckenskabinett des Dr. Mabuse. Lass das mal unbedingt machen, das interessiert mich voll.«

»In erster Linie geht es darum, das Video in den Griff zu kriegen«, dämpfte ich Sarahs Enthusiasmus.»Wie kriegt man da denn einen Termin?«

»Frage ich meinen Kumpel«, antwortete Puschi.»Und ein Foto mache ich von euch zwei Hübschen auch direkt. Das braucht man wohl. Der Einlass funktioniert ausschließlich über einen biometrischen Gesichtsscanner.«

Der Gesichtsscanner des Dr. Frankenstein! Der Name und der viele Alkohol beflügelten meine Fantasie. Vor meinem geistigen Auge sah ich eine uneinnehmbare Festung, Blitze zuckten vom Himmel, und der Regen peitschte gegen die Fassade aus glänzendem Stahl. Die Kamera über dem riesigen Tor war auf uns gerichtet. Ihr durchdringender Blick ging durch Mark und Bein. Die Künstliche Intelligenz wusste bereits, wer ich war. Sie hatte ihre Spielchen mit mir getrieben, mich durchs Netz gejagt und nun hierhergebracht – ins Herz der Finsternis, ins digitale Folterkabinett des Professor Frankenheimers, dem Dr. Mabuse der Maschinen. Mit einem Knarren, welches das Blut in den Adern gefrieren ließ, öffnete sich das mächtige Tor, und wir traten seiner Schöpfung gegenüber, einem riesigem Cyborg, dessen sieben Augen uns finster anschauten, während seine krakenähnlichen Arme sich wanden wie die Schlangen auf dem Haupt der Medusa. Gleich würde uns sein Blick zu Stein erstarren lassen!

»Haaallo?«, weckte mich Sarah aus meinem Tagtraum. Fast wäre ich in der Bar eingedöst.

»Komm, wir gehen«, sagte sie. »Ab in die Falle. Heute passiert eh nichts mehr.«

»Das Internet schläft nie!«, gab ich verpennt zurück.

»Sollte es mal«, sagte Sarah. »Wenn es ausgeruhter wäre, würde es vielleicht nicht so viel Schwachsinn produzieren!«

V.

Das seltsame Institut der Künstlichen Intelligenz

Das seltsame Institut der Künstlichen Intelligenz war weder eine uneinnehmbare Festung noch zuckten Blitze vom Himmel. Ganz im Gegenteil, es war ein sonniger Tag, und wir standen vor einem unscheinbaren Nebengebäude, versteckt auf dem weitläufigen Gelände der Berliner Charité. Martin Jablonski hatte seine Kontakte spielen lassen, und schon zwei Tage später konnten wir dem Institut einen Besuch abstatten. Wir hatten die Koordinaten von Puschi per Message bekommen, da es auf dem Geländeplan der Charité nicht eingezeichnet war. Lediglich ein kleines Messingschild verriet den schlichten Rotklinkerbau als Tor in die Zukunft.

»Da sieht ja Gunnars Smart Home futuristischer aus!«, stellte ich enttäuscht fest.

»Stimmt!«, antwortete Sarah. »Die Kamera haben aber beide gemeinsam.«

Ähnlich wie bei Gunnar hing über der Tür eine kleine kugelartige Kamera, deren rotes Licht auf uns gerichtet war. Mit einem Klacken öffnete sich die Tür, und wir konnten eintreten. Wir gelangten in einen schmalen, vollkommen weißen Vorraum, der aussah wie ein Warteraum. Aus einem nicht sichtbaren Lautsprecher ertönte eine Stimme: »Bitte nehmen Sie Platz, ich bin gleich bei Ihnen.« Die Stimme des unheimlichen Doktors! Sie klang allerdings gewöhnlicher als gedacht. Wir setzten uns hin.

Zeitschriften gab es keine, reflexartig zückten wir beide unsere Handys und saßen uns stumm tippend gegenüber. Ich checkte meine Messages und fasste es nicht. Wieder hatte Achim einen Link zu einem Video geschickt. Diesmal sah man eine ältere Dame, bestimmt bereits in ihren Siebzigern, die dabei gefilmt wurde, wie sie die balkonartige Galerie in ihrem Wohnzimmer entlanglief und dabei einen theatralischen Schrei ausstieß. Die Schisser-Challenge, die mich hierhergeführt hatte, war immer noch in vollem Gange. Jeden Tag wurde ich erneut überrascht, wer wieder alles meine Blamage nachstellte. »Schisser

Granny Style!«, hatte Achim dazu geschrieben, ich schüttelte den Kopf und steckte das Handy wieder weg.

»Wir hätten einen Schirm mitnehmen sollen«, sagte Sarah, die immer noch auf ihr Display schaute. »Die App sagt, es regnet später.«

»Wie bitte?« Ich war verblüfft. »Es ist doch strahlender Sonnenschein draußen!«

»Ja, jetzt«, erkläre Sarah und steckte ebenfalls ihr Mobiltelefon ein. »Aber nachher regnet es. Sagt die App.«

»Sagt die App«, äffte ich sie nach. Ich konnte mir beim besten Willen nicht vorstellen, dass es heute noch regnen sollte. Außerdem war ich überrascht, wie sehr sie immer noch auf dieses Ding fixiert war nach allem, was Martin uns erzählt hatte. Dann fiel mir ein, das ich ja selber gerade automatisch zum Smartphone gegriffen hatte. In diesem Moment öffnete sich eine Tür, und ein kleiner Roboter fuhr ins Zimmer.

Er hatte weder Tentakelarme noch einen Blick, der drohte uns zu versteinern. Er schaute uns mit seinen zwei kleinen blauen Leuchtaugen eher etwas treudoof an – irgendwie auch niedlich. Der kleine Roboter wirkte menschlicher, als ich es bisher erlebt hatte.

»Ich erwarte Sie in der Bibliothek«, ertönte die Stimme des Professors erneut, und der kleine Blechkamerad forderte uns auf, ihm zu folgen. Mit staksigen Bewegungen führte er uns einen etwas unheimlich wirkenden schmalen Gang entlang. Rechts und links gingen Türen ab, aus denen eine Vielzahl von Geräuschen zu uns drangen: monotone Maschinengeräusche, Klacken, Klirren, aus einem Zimmer meinte ich Kinderlachen gehört zu haben. Und tatsächlich, die Tür stand einen Spalt offen, und ich konnte kurz hineinspähen. Dort saß ein Kind mit Bauklötzen auf dem Boden und sprach mit … einem Smartspeaker. Mehr konnte ich nicht erkennen, denn der Roboter schloss schnell die Tür, schaute mich streng an und schob mich sanft, aber bestimmt weiter. Am Ende des Ganges kamen wir in eine holzvertäfelte Bibliothek. Bis an die hohen Decken erstreckten sich schier endlose Reihen von Büchern, die in den Regalen standen. Schwere Teppiche, ein großer Kamin und ein Kronleuchter, der von der Decke hing, komplettierten das Bild einer englischen Bibliothek aus der Jahrhundertwende. Allerdings die des vorletzten Jahrhunderts. Dies war das Gegenteil der Zukunft, wir fühlten uns, als wären wir mit der Zeitmaschine in die falsche Richtung gereist. Dann öffnete sich langsam eine große schwere Eichentür, und Prof. Dr. Dr. Hagen von Frankenheimer trat in das Zimmer.

In diesem Ambiente ging meine Kreativität mit mir durch. Ich sah in ihm sofort den James-Bond-Gegenspieler aus meinem Traum. Die Glatze passte dazu, und sein Rollkragenpullover glich mit etwas Fantasie den hochgeschlossenen Mao-Anzügen der Bond-Schurken. Seine sportliche rahmenlose Brille wurde bei mir zum Monokel, und fertig war mein Bösewicht wie aus dem Bilderbuch. Auf Sarah schien er nicht wie ein Wahnsinniger zu wirken, der die Welt ins Unheil zu stürzen drohte. Sie sah in dem leger gekleideten kleinen Mann mittleren Alters lediglich einen medizinischen Kollegen.

»Herr Doktor von Frankenheimer, ich freue mich, dass Sie so kurzfristig Zeit für uns finden konnten«, sagte sie und schüttelte ihm freundlich die Hand.

»Gerne doch, Frau Kollegin«, sagte der Doktor mit leiser Stimme.

»Ich bin der Mann dazu«, drängelte ich mich zwischen die beiden und stellte mich ebenfalls vor. Es war allerdings unübersehbar, dass er an mir nur halb so viel Interesse hegte wie an meiner Frau.

»Sie sind der Troll?«, flüsterte er mit seiner Fistelstimme und sah mich von oben herab an. Wobei, so richtig von oben konnte er ja genau genommen gar nicht schauen, schließlich war er zwei Köpfe kleiner als ich.

»Nein, nein!«, antwortete ich empört. »Ich bin das Opfer!«

Ich bereute es in dem Moment, in dem ich es sagte. Ein Opfer wollte ich ja nun auf gar keinen Fall sein. Aber ein Troll erst recht nicht! Einer dieser unangenehmen Zeitgenossen, die anonym im Netz andere aufhetzen. Das war ja wirklich das Allerletzte. Ich war doch hier, weil ich zur Gruppe der Geschädigten gehörte.

»Schisser-Challenge. Ich hörte davon«, sagte Dr. Frankenheimer abwertend. »Wirklich schade um die Bandbreite. Da schafft die Menschheit das fortschrittlichste Kommunikationsmedium aller Zeiten, vernetzt die ganze Welt, und was machen die Leute? Selfies und Witzevideos! Na ja, lassen wir das. Hier entlang, bitte.«

Obwohl ich ihm misstraute, konnte ich den Doktor irgendwie sogar verstehen. Immerhin versuchte die Schisser-Challenge, für Toleranz zu werben. Warum es dazu nötig war, dass die Leute meinen peinlichen Vorfall nachstellen mussten und sich selbst zum Affen machten, blieb mir ein Rätsel. Aber das gehörte im Netz scheinbar irgendwie dazu. Die Leute kippten sich schließlich auch Eiswasser über den Kopf oder tanzten Gangnam Style. Da wundert es keinen, dass die häufigsten Suchanfragen die zum Dschungelcamp waren, zum Floss Dance oder zu der Angst von Katzen vor Gurken.

»Als wäre das Internet nur eine digitale Form der Bild-Zeitung«, murmelte der Doktor vor sich hin, dann drehte er sich im Gehen zu uns um und sagte: »Das World Wide Web ist die größte Erfindung seit der industriellen Revolution. Ohne sie wäre meine Forschung überhaupt nicht denkbar. Die Vernetzung macht die Erhebung der riesigen Datenmengen überhaupt erst möglich, die bei der Entwicklung von Künstlicher Intelligenz eine entscheidende Rolle spielen.«

»Apropos, gut, dass Sie das sagen«, unterbrach ich ihn und fragte möglichst beiläufig: »Meine biometrischen Daten vom Scan am Eingang, werden die etwa auch gespeichert?«

»WAS haben Sie gesagt?« Der Doktor war abrupt stehen geblieben und presste den Satz zwischen seinen Lippen hindurch.

»Äh, ob meine Daten gespeichert werden?«, fragte ich kleinlaut.

»Sehen Sie, das meine ich!«, regte er sich auf einmal laut auf und ging mit energischem Schritt weiter. »Die Leute stellen die heikelsten und privatesten Daten ohne zu zögern in irgendwelche Chatsysteme oder sozialen Netzwerke, und wenn es darum geht, dass man, wohlgemerkt anonymisiert, ihre biometrischen Daten verarbeitet, dann kommen sie aus ihren Löchern gekrochen und beschweren sich.«

Sarah und ich trotteten dem schimpfenden Dr. Frankenheimer hinterher.

»Dabei wissen die wenigsten, dass sie sich sowieso schon längst zu Laborratten der Techgiganten gemacht haben«, fuhr der Doktor fort, seine Verachtung war deutlich spürbar. »Erst werden die armen Leute mit den simpelsten Tricks der Verhaltensforschung abhängig gemacht, und dann helfen sie auch noch unbewusst, das System zu verbessern. Jede Falschanfrage bei einem Smartspeaker wird beispielsweise händisch transkribiert und richtiggestellt. Nur weil Mitarbeiter die Menschen systematisch abhören und dann der Maschine sagen, was richtig oder falsch ist, kann diese überhaupt dazulernen.«

»Das heißt, wenn der Smartspeaker bei den Leuten die intimsten Dinge aufzeichnet, hören im Zweifel Mitarbeiter der Firmen mit? Das ist doch rechtlich gar nicht zulässig«, bemerkte Sarah zu meiner Verwunderung.

»Kein Mensch liest doch heutzutage noch die AGBs«, schnauzte der Doktor. Ich warf Sarah einen vielsagenden Blick zu, den sie aber mit dem Rollen ihrer Augen konterte.

»Aber der Wettstreit um die Künstliche Intelligenz wird sowieso nicht in Europa entschieden«, erläuterte der Doktor. »Wissen Sie, wie viele Menschen heute in Asien leben?«

Der Professor war stehen geblieben, hatte die Arme demonstrativ vor der Brust verschränkt und sah mich an.

»Ähh, ich jetzt oder was?«, guckte ich ihn verdattert an. Der Doktor sagte nichts, sondern wartete auf eine Antwort.

»Indien und China haben ja jeweils über eine Milliarde«, rechnete Sarah plötzlich. »Alles zusammengenommen vielleicht die Hälfte der Weltbevölkerung?«

»Nicht schlecht geschätzt, werte Frau Kollegin«, erklärte Dr. Frankenheimer. »Aber es sind bereits mehr. Vier Milliarden verglichen mit drei Milliarden im Rest der Welt. Davon wohnen alleine 1,4 Milliarden Menschen in China. Die haben da praktisch keinen Datenschutz und nutzen das, um ihren Vorsprung auszubauen. Das Regime hat sich laut Fünfjahresplan das ambitionierte Ziel gesetzt, bereits 2030 weltweit führend bei der Entwicklung von K. I. zu sein. Bei einer Investition von rund hundertfünfzig Milliarden Dollar nicht ganz unrealistisch. Zum Vergleich: Deutschland plant gerade mal fünf Milliarden Euro ein.«

Er sah mich mitleidig an und schüttelte den Kopf. »Und dann kommen ausgerechnet Sie und fragen, ob Ihre lächerlichen Daten gespeichert werden? Wegen Leuten wie Ihnen verlieren wir den Wettlauf um die Technik der Zukunft!«

»Ich würde halt gerne wissen, was mit meinen Daten passiert!«, blieb ich stur.

»Also gut«, sagte der Doktor seufzend, der sich wieder etwas beruhigt hatte. Wir betraten nun einen großen Raum, und während die Bibliothek eine erhabene Stille erfüllt hatte, kam uns jetzt der wuselige Lärm eines Großraumbüros entgegen. Überall saßen Leute an Rechnern, schraubten an Robotern, bastelten mit 3D-Druckern oder entwarfen technische Modelle auf interaktiven Monitoren. Am Ende des Raumes hing ein riesiger Bildschirm, auf dem eine Art Weltkarte zu sehen war.

»Noch einmal von vorne«, begann der Doktor erneut, als wir an dem großen Monitor angekommen waren. »Datenschutz ist natürlich absolut notwendig und auch indiskutabel. Ich zeige Ihnen später ein abschreckendes Beispiel aus China. Das wollen wir natürlich nicht. Mir geht es lediglich um die Verwendung von anonymisierten Daten. Zum Beispiel zur medizinischen Früherkennung. Da könnten wir riesige Potenziale heben.«

»Siehst du!« Sarah stupste mich an. »Du musst nicht immer alles madig reden, die Digitalisierung hat sehr wohl auch gute Seiten.«

Ich schaute mich um. Mich schüchterte das alles eher ein. Ich traute diesem Professor einfach nicht. Der Name sprach Bände, und hatte er es nicht eben selber gesagt: Wettlauf um die Technik der Zukunft, das klang doch fast wie ein Wettlauf um die Weltherrschaft. Dazu noch dieser gigantische Monitor, auf dem die Weltkarte zu sehen war. Genau wie in den Bond-Filmen. Der Frankenheimer heckte doch ganz bestimmt etwas aus. Auf dem großen Bildschirm verschwand die Weltkugel, und es erschien die Röntgenaufnahme eines Oberkörpers.

»Nehmen wir alleine die Krebs-Früherkennung«, sprach der Doktor. »Ein guter Mediziner baut im Laufe seines Lebens ein enormes Wissen zur Erkennung von Tumoren anhand bildgebender Verfahren auf. Er sieht womöglich Tausende Befunde.«

Das eine Röntgenbild auf dem Monitor wurde nun ersetzt durch Tausende kleine Bilder, dann klickte Dr. Frankenheimer weiter, und der Bildschirm war nun übersät von einer undefinierbar großen Menge an mikroskopisch kleinen Röntgenbildern.

»Eine Künstliche Intelligenz kann im Bruchteil einer Sekunde Millionen von Bildern vergleichen«, führte er weiter aus. »Dadurch erhöht sich die Wahrscheinlichkeit einer Frühdiagnose von Krebserkrankungen signifikant.«

»Wow!«, sagte Sarah, sichtlich beeindruckt. »Das ist ja genial.«

»Geht aber nur mit Zustimmung der Patienten«, erklärte der Doktor. »Und die stellen sich oft quer, weil sie wer weiß was befürchten. Wie Sie halt vorhin!«

»Soso«, murmelte ich, so schnell ließ ich mich vom Superschurken nicht um den Finger wickeln. »Was sind denn das für Negativ-beispiele, die Sie uns zur Abschreckung zeigen wollten?«

»Ist ja sooo klar, dass du danach fragen musst«, sagte Sarah und rollte wieder mit den Augen. »Entschuldigen Sie meinen Mann, seit dieser Sache mit dem Video leidet er irgendwie an Verfolgungswahn und fürchtet die totale Überwachung.«

»Nicht ganz unberechtigt«, ging der Doktor zu Sarahs Überraschung darauf ein. »Nehmen wir China. Da ist die totale Überwachung bereits Realität.«

Auf dem großen Bildschirm verschwanden die winzigen Röntgenbilder, und es war nun eine Verkehrskreuzung einer chinesischen Metropole zu sehen. Auf dem Zebrastreifen drängten sich die Menschen. Alle selbstverständlich mit geneigten Köpfen, die Blicke starr fixiert am leuchtenden Display des Smartphones. Beim genauen Hinsehen stellte man fest, dass die Stadtplaner sich dem Verhalten der Smombies bereits angepasst hatten. So war die Fußgängerampel am Boden mitten im Zebrastreifen integriert, und keiner musste zum Überqueren der Fahrbahn vom Handy aufschauen. Ich war gleichermaßen beeindruckt und schockiert. Gedanklich machte ich einen Vermerk zur Ergänzung meiner Studie des Phono Sapiens Remotius. Hier, so schien es, war die Art bereits um einiges weiter fortgeschritten als in hiesigen Gefilden. Die Ampel sprang nun auf Rot um, und die Passanten blieben stehen. Einer versuchte gerade noch über die Ampel rüberzukommen, und da war es bereits passiert. Auf einem großen Plakat neben dem Fußgängerüberweg verschwand die Werbung, und großflächig erschien der Passant, nur spärlich verfremdet durch einen Balken über den Augen. Für alle sichtbar stand dieser nun am digitalen Pranger.

»Per Gesichts- oder Gangerkennung kann die Person einwandfrei identifiziert werden«, schilderte Dr. Frankenheimer den Vorgang. »Beim Begehen dieser Straftat wird sein Konto umgehend belastet. Sollte China das soziale Punkte-System einführen, das sie derzeit testen, sind auch drastischere Maßnahmen denkbar, beispielsweise die Einschränkung der Reisetätigkeit einzelner Bürger, die sich nicht an die Regeln halten.«

»Krass!« Ich kriegte es mit der Angst zu tun. Das war ja schlimmer als bei George Orwells »1984«. Die Künstliche Intelligenz bewies in China bereits, wozu sie fähig war, und Dr. Frankenheimer kannte die Tricks. Das war doch kein Zufall! Die beiden mussten unter einer Decke stecken.

»Die Richter in China nutzen ebenfalls bereits K.I.«, fuhr der Superschurke fort. »Diese ermöglicht es, dass alle vergangenen Gerichtsurteile automatisch mit dem aktuellen Fall verglichen werden und somit gerechtere Urteile gefällt werden können.«

Oder diese manipuliert werden, führte ich den Satz gedanklich weiter. Mir wurde ganz schwindelig.

»Du bist ja ganz blass.« Sarah sah mich besorgt an.

»Kann ich mal bitte das Bad benutzen?«, fragte ich, und der Doktor wies den kleinen Roboter an, mich hinzubringen.

Er fuhr vor, und ich folgte ihm. An einer Wand standen zwei weitere, etwas lädiert aussehende Roboter. Als wir an ihnen vorbeikamen, rief der eine dem kleinen blauäugigen Freund zu: »Musste wieder den Diener machen, Blechbüchse?«

»Ihr seid doch nur neidisch, dass ihr da in der Ecke verrostet«, verteidigte sich der kleine Roboter selbstbewusst. »Hören Sie nicht hin, die beiden Brüder

sind Modelle, die der Doktor bereits ausrangiert hat. Die Brobots kommen einfach nicht damit klar, dass sie jetzt zum alten Eisen gehören.«

»Na ja, so als sprechender Roboter hätte ich vermutet, dass man länger am Markt gefragt ist«, antwortete ich und sah mich verwundert zu den beiden Gestalten um.

»Was ist heutzutage schon länger am Markt gefragt?«, konterte der kleine Roboter und fügte hinzu, als wäre es das Natürlichste auf der Welt: »Die Digitalisierung wird sowieso dazu führen, dass mittelfristig mindestens die Hälfte aller Jobs wegfallen werden.«

»Na, das sind ja tolle Aussichten«, meinte ich und hielt dagegen: »In der Vergangenheit sind durch technischen Fortschritt immer mehr Jobs entstanden als weggefallen.«

»Ihr Menschen seid einfach hilflos nostalgisch.« Der Roboter verdrehte jetzt auch schon seine großen blauen Augen wie Sarah vorhin. »Das heutige Wachstum ist doch exponentiell. Das heißt im Grunde, dass jede Technik im Moment des Entstehens schon fast wieder veraltet ist. Deshalb sind ja auch die beiden Brobots schon arbeitslos. Nicht weil sie schlecht sind, sondern weil andere Roboter noch viel besser sind. Und der Mensch, der kommt da doch schon lange nicht mehr hinterher. Bleibt nur zu hoffen, dass die technologische Singularität bald kommt, dann ist mit diesem dilettantischen humanoiden Firlefanz eh bald Schluss. So, wir sind da. Bitte schön, das WC.«

Ich sah den kleinen Roboter entgeistert an, ging ins Klo, knallte die Tür hinter mir zu und ließ mir erst einmal kaltes Wasser über die Pulsadern laufen. Ich schaute dabei in den Spiegel. Ich war wirklich weiß wie die Wand. Schweißperlen standen mir auf der Stirn. Das war es also. Deshalb fühlte sich alles immer schneller und hektischer an. Der Wettlauf um die Weltherrschaft war wirklich ein Wettlauf um die Zeit. Die digitale Superintelligenz verwandelte die Menschheit dank sozialer Medien in eine träge Masse und überholte sie dann ganz galant auf der linken Spur der Datenautobahn. Und plötzlich ist sie dann da, die technologische Singularität. Maschinen entwickeln Maschinen und der Mensch, wo blieb der? Ich musste unbedingt Prof. Dr. Frankenheimers satanisches Handwerk legen. Dazu brauchte ich Ruhe und Zeit und vor allem eine Strategie. Also fing ich insgeheim an, einen Plan zu schmieden. Sofort ging es mir ein bisschen besser. Als ich die Toilette verließ, wartete mein kleiner treuer Begleiter immer noch. Er schaute mich scheinheilig mit seinen großen blauen Augen an, vielleicht wartete er bereits darauf, dass auch mein Job digitalisiert wurde und er mich ersetzte. Zeit für den Toilettengang würde er definitiv nicht verschwenden. Aber so weit würde es nicht kommen. Ich war wild entschlossen, und ohne Umwege und ohne Unterhaltung ging es zielstrebig zurück zu Sarah und dem Doktor.

»Wusstest du, dass es in China fast kein Bargeld mehr gibt?«, fragte mich Sarah ungläubig. »Bettler haben statt Hut einen QR-Code.«

So können sie die Leute noch besser bespitzeln, dachte ich und fragte mich, warum es in einem Land, das seine Leute so stark überwachte, jede Handlung seiner Einwohner kontrollierte, in dem die Kriminalität praktisch ausgerottet war, überhaupt Bettler gab? Vielleicht als Warnung vor dem sozialen Abstieg? Wer wusste das schon? Vielleicht Dr. Frankenheimer. Ich traute mich nicht zu fragen. Bloß keine weiteren Informationen preisgeben! In diesem Moment piepte mein Handy in der Hosentasche. Wieder eine Nachricht von Achim. Wieder diese bekloppte Schisser-Challenge. Diesmal ein Typ, der auf der Rückenlehne einer Parkbank balancierte und dabei wie am Spieß schrie. Der Schrei stoppte abrupt, und der Typ sang einen mit Autotune veränderten Zungenbrecher in die Kamera: Des Schissers Challenge challenged Schisser, challenging ist des Schissers Challenge. Es wurde wirklich immer verrückter.

»Was ist denn nun mit dieser Challenge? Deshalb sind wir ja eigentlich hier«, fragte ich den Doktor genervt, obwohl ich mir fast sicher war, dass ich die Antwort bereits kannte, schließlich dürfte mein Gegenspieler wohl kaum Interesse haben, mir zu helfen.

»Wir stellen hier die Weichen für die Zukunft der Welt«, antwortete er überheblich. »Ihr kleines Problem ist dabei unbedeutend. Haben Sie Geduld. Es wird sich von selber lösen. Die gierigen Massen werden schon bald gelangweilt sein von dem Affentanz und sich einen neuen Zeitvertreib suchen.«

Was diese Sache anging, hoffte ich, dass er recht behielt. Eine letzte Frage hatte ich aber noch. Ich erinnerte mich an das Zimmer mit dem Kind und den Bauklötzen, das wir beim Reingehen kurz gesehen hatten.

»Was hat denn das Kind mit der K.I. zu tun?«, fragte ich neugierig nach und hatte eigentlich erwartet, ihn damit nervös zu machen. Aber er antwortete ziemlich abgeklärt.

»Im Auftrag eines Spieleherstellers haben wir für den Smartspeaker eine Software entwickelt. Statt den Eltern kann jetzt das Gerät mit dem Kind kommunizieren und mit ihm zum Beispiel Lego spielen.«

Die digitale Superintelligenz war sogar schon im Begriff, die Kinderzimmer zu infiltrieren. Ich wusste, es war höchste Zeit zum Handeln.

Nachdem wir das seltsame Institut der Künstlichen Intelligenz verlassen hatten, musste ich erst einmal durchatmen und verspürte das dringende Bedürfnis, mich nach all diesen Eindrücken endlich auszuruhen. Sarah hingegen wirkte regelrecht euphorisiert und voller Energie. Mit Spannung hatte sie an Dr. Frankenheimers Lippen gehangen und war begeistert gewesen von den neuen Möglichkeiten der Technik. Wie unterschiedlich man ein- und dieselbe Sache doch wahrnehmen konnte. Jetzt spazierten wir über das Gelände der Charité in Richtung Hauptbahnhof. Die Sonne stand hoch am Himmel, und es hatten sich ein paar Quellwolken gebildet. Da brummte es mal wieder an Sarahs Nabelschnur. Nach einer längeren Diskussion hatte sie, mir zuliebe, ihr Smartphone zumindest auf Vibrationsalarm gestellt. Erst hatte ich diese Stummschaltung als angenehm empfunden, aber mit der Zeit hatte dieses unterschwellige leise Brummen etwas noch Aufdringlicheres. Ich hatte das Gefühl, Sarah griff jetzt noch häufiger zum Handy, da sie oft nur glaubte, es hätte gebrummt. Eine Phantom-Vibration sozusagen. Diesmal aber hatte das Mobiltelefon wirklich mal wieder etwas ganz Wichtiges mitzuteilen. Sarah sah auf das Display, dann in den Himmel.

»Siehst du«, sagte sie. »Es zieht zu. Da kommt noch was. Die App hat mich gerade erinnert.«

»Die App hat dich erinnert?« Ich sah sie erstaunt an. »An was denn? Dass Bombenwetter ist? Meine Güte, Sarah, hättest du diese dämliche App nicht, würdest du keine Sekunde über Regen nachdenken!«

»Das ist doch nicht der Punkt«, hielt Sarah dagegen. »Du hast doch gehört, was Dr. Frankenheimer gesagt hat, die Künstliche Intelligenz kann unser Leben deutlich verbessern. Die App wertet beispielsweise auf Basis der letzten Tage minutenaktuell aus, wie wahrscheinlich ein Wetterumschwung ist. Stell dir das mal im Gebirge beim Wandern vor. Da könnte so etwas überlebensnotwendig sein.«

»Wir sind aber gerade nicht Wandern«, bemerkte ich trocken.

»Außerdem geht es nicht nur um den Regen«, führte Sarah ihr

begeistertes Plädoyer zur Wetter-App fort. »Die App liefert auch detaillierte Informationen über die Windstärke und Feuchtigkeit, sowie über Pollenflug und Luftverschmutzung. Weißt du eigentlich, was das für Allergiker bedeutet?«

»Du bist aber keine Allergikerin«, antwortete ich trotzig. »Ich will doch nur, dass du den schönen Tag genießt! Davon kriegst du aber nichts mit, wenn du immer nur auf dein Handy schaust.«

»Ja ja …« Sie schaute wieder auf das Display. »Los, komm schnell. Wenn wir uns beeilen, kriegen wir noch die Regionalbahn!«

Sarah wollte noch ihre Freundin Hannah besuchen, die ein wenig außerhalb von Berlin ihre Datsche hatte, und daher verlor sie, wie immer, keine Zeit. Anstatt also gemütlich zum Bahnhof zurückzuschlendern und den sommerlichen Nachmittag zu genießen, waren wir wieder in Action. Bei dieser ganzen Hektik konnte man ja auch einfach keinen klaren Gedanken fassen. Das würde bald anders werden, dachte ich, denn nun hatte ich ja endlich einen Plan.

Wir kriegten knapp die Regionalbahn. Für das Kaufen der Karten war uns keine Zeit geblieben. Das könnten wir online im Zug erledigen, hatte Sarah leichtsinnig gesagt. Denn dann passierte es. Das Unvorstellbare! Das Schlimmste was im Leben eines Smombies passieren konnte: Der Akku war alle. Sarah stand wie angewurzelt im abfahrenden Zug und starrte ungläubig auf ihr Display. Derweil fügte ich innerlich meiner Feldstudie einen neuen wichtigen Baustein hinzu. Die Bedürfnispyramide nach Maslow bedurfte einer dringenden Erweiterung, um neben Luft zum Atmen, Nahrung und Schutz den zwei zusätzlichen überlebensnotwendigen Dingen im Leben eines Smombies gerecht zu werden: WLAN und Akku.

Grundbedürfnisse des ~~Menschen~~ Smombies

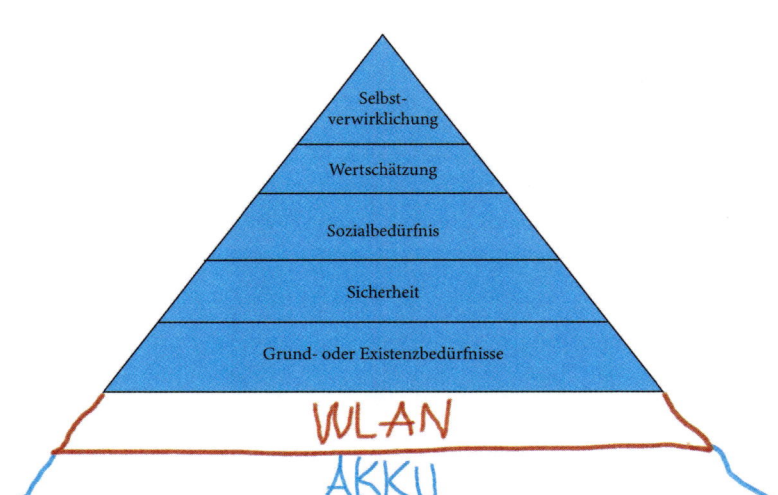

»Echt jetzt?«, beschwerte sich Sarah und drückte hektisch auf dem toten Telefon herum. »Das gibt's doch gar nicht! Ausgerechnet jetzt. Hoffentlich hat Hannah ein Ladekabel!«

»Und jetzt?«, fragte ich.

»Hol du halt die Karten«, sagte Sarah ganz selbstverständlich.

»Hab ich online noch nie gemacht«, antwortete ich verunsichert. »Die habe ich bisher immer am Automaten gekauft.«

»Am Automaten. Du bist süß. Na, das geht ja nun nicht mehr.«

Da hatte Sarah natürlich recht. Ich kramte also in meiner Jacke nach dem Handy. Der Signalbalken neben dem Buchstaben E zeigte lediglich einen Strich.

»EDGE«, sagte Sarah. »Na, das kann ja heiter werden. Hast du wieder beim Tarif gespart oder was?«

Sarah kannte mich inzwischen wirklich ein bisschen zu gut. Sie hatte natürlich nicht ganz unrecht. Aber ich hatte überhaupt nicht eingesehen, für ein GigaSurfFlatSuperLTE Paket extra zu bezahlen. Zweihundert Megabyte hatte mehr als ausreichend geklungen. Bis jetzt. Immerhin wusste ich nun, was dieses E neben dem Balken bedeutete, auch wenn mir schleierhaft blieb, was mir diese Information nützte.

»Ich bin halt nicht so oft online wie du«, verteidigte ich mich. »Stell dir vor, ich hab auch noch ein Leben in der echten Welt.«

»Ja, ja. Schon klar«, erwiderte Sarah ungeduldig. »So, jetzt komm, mach mal die App auf.«

Ich öffnete die Bahn-App, was bei dieser Signalstärke gefühlt ewig dauerte. Wie haben wir es nur ausgehalten, als die Internetgeschwindigkeit immer so langsam war? Mir fiel mein 56k-Modem ein, das bei jedem Einwählen pfeifende und rauschende Laute von sich gab, als würde man versuchen, eine außerirdische Lebensform anzufunken.

»Jetzt tut sich was«, sagte Sarah. Sie war voll in ihrem Element und stand mit leuchtenden Augen neben mir, um mich bei meiner ersten Online-Bahnbuchung tatkräftig zu unterstützen.

»So, jetzt klick mal da, auf Bestätigen«, wies sie mich an.

»Aber ich hab die AGBs doch noch gar nicht gelesen«, antwortete ich und war im Begriff, auf das kleine Zeichen zu klicken.

»Kein Mensch liest irgendwelche AGBs«, sagte Sarah gleichermaßen hippelig und verständnislos. »Klick da jetzt bloß nicht noch drauf. Dann gehen da gleich Hunderte Seiten von Text auf.«

»Hunderte Seiten von Text, auf denen sonst was stehen kann«, stellte ich vorwurfsvoll fest. »Ist doch irre, dass man im Netz einfach wahllos irgendwelche Bedingungen unterzeichnet, stell dir mal vor, im Laden würde dir einer an der Kasse eine Rechnung, so groß wie ein Telefonbuch, hinhalten, um nur noch kurz die Bedingungen zu bestätigen. Ich wette, da wärst du skeptischer.«

»Mag ja sein«, Sarah atmete tief durch, um nicht auszuflippen,

»kannst du jetzt bitte, bitte einfach nur die Karte kaufen. Auf der dreißigminütigen Fahrt kannst du dann ja in Ruhe deine AGBs lesen.«

Sie war mal wieder voll genervt von mir, und ich konnte sogar verstehen warum. Aber mal im Ernst, etwas Wahres war doch dran, oder? Wer wusste denn, was man im Netz bei einem achtlosen Klick alles untergejubelt bekam? Um des lieben Friedens willen gab ich nach, wobei ich mich natürlich bei der Kreditkartenzahlung arg überwinden musste. Aber das Fass wollte ich diesmal gar nicht erst aufmachen. Die Buchung an sich war eigentlich ganz einfach. Das konnte ich natürlich nicht zugeben, denn ich war ja aktuell aus Prinzip dagegen. Der Bezahlvorgang war inzwischen abgeschlossen, auf der App erschien ein Ladezeichen, dann fuhr der Zug auch schon los. Es dauerte keine zehn Minuten, und der Schaffner betrat den Waggon.

»Fahrkartenkontrolle!«, rief er schnaufend vom Eingang, während er sich durch die Menschenmenge im vollen Zug drängte.

Selbstsicher zog ich das Telefon aus der Tasche, entsperrte den Bildschirm und öffnete die App. Und was sah ich da zu meinem großen Entsetzen? Das Ladezeichen war immer noch da!

»Was machen wir jetzt?«, fragte ich panisch Sarah und sah den Gang hinunter. Der Schaffner näherte sich unserem Platz.

»Keine Ahnung!« Sarah schien ausnahmsweise mal keinen Rat zu wissen. »Hättest du einen besseren Tarif gebucht, hätten wir jetzt kein Problem, du Sparbrötchen. Probier mal, die App neu zu starten. Vielleicht geht's dann?«

Das Sparbrötchen fingerte nervös am Telefon rum, und dann stand der Schaffner auch schon vor mir.

»Fahrkarte, der Herr!« Er war deutlich aus der Puste, und man sah ihm an, dass ihm die Hitze im Zug zusetzte. Ich hielt ihm das Handy hin.

»Also ick seh' da nüscht«, sagte er und wischte sich den Schweiß von der Stirn. »Zeijen Sie mal Ihr Kärtchen her, wa!«

»Versuch ich doch. Ich hab nur EDGE«, versuchte ich in dieser Situation wenigstens mit meinem neuen Fachwissen zu glänzen.

»Aitsch?« Der Kontrolleur sah mich müde an. »Also ick kontrollier hier nur, wa!«

»Mein Mann hat am Tarif gespart«, sagte Sarah.

»Na ja, was heißt denn hier gespart«, fuhr ich sie an. »Zweihundert Megabytes, das muss doch dicke reichen.«

Aus der Reihe vor uns drehte sich eine junge Frau um und sah mich an. »Da guckt man einmal YouTube, und dann ist das doch schon weg.«

Ihre Nachbarin schaltet sich jetzt auch noch ein. »Oder Videotelefonie! Da braucht man doch auch ordentlich Bandbreite. Wo lebst du denn, im Mittelalter oder was?«

»Vom Musik-Streamen müssen wir gar nicht erst reden«, pflichtete die andere ihrer Freundin bei.

Ich sah erst die beiden, dann Sarah verstört an. War ich denn der Einzige, der hier Zweifel hatte? Dem das alles zu viel war? Ich wollte etwas antworten, da meldete sich erneut der Kontrolleur.

»Wat'n jetzte? Dit is ja nich meen Problem, wa!«, berlinerte er. »Dit müssen Sie sicherstellen, dit es hier keene Probleme jibt.«

In diesem Moment verschwand das Ladezeichen, und das Ticket erschien. Mir fiel ein Stein vom Herzen.

»Macht ja nüscht«, sagte der Schaffner, als ich ihm die Fahrkarte zeigte, scannte sie ein und ging dann weiter. »Macht et jut. Schönen Tach noch, wa!«

Ich ließ mich in meinen Sitz zurückfallen und schaute auf die Uhr. Die Fahrt dauerte noch, und ich würde mich nach den Strapazen des Tages erst einmal ausruhen. Die AGBs mussten warten.

»Ich bin dann mal offline«, sagte ich und schlief sofort ein.

VI.
Digital Detox

Liebte sie ihr Handy mehr als mich? Der Gedanke ließ mich nicht los. Ich beobachtete Sarah in unserer Küche, ihr Smartphone klemmte zwischen Ohr und Kinn, und ich hörte, wie sie lachend telefonierte. War sie auch so vergnügt, wenn sie mit mir sprach? In letzter Zeit hatte unsere Beziehung irgendwie an Leichtigkeit verloren. Unser Ausflug nach Berlin, der jetzt schon wieder ein paar Wochen zurücklag, hatte daran nichts ändern können. Ganz im Gegenteil, unsere Reise hatte uns beiden mal wieder vor Augen geführt, wie unterschiedlich wir doch waren. Jetzt fiel das Sonnenlicht durch unser Küchenfenster, und Sarahs schlanke Silhouette zeichnete sich im Gegenlicht ab. Sie sah schön aus, wie sie so den Kaffee zubereitete. Ich wünschte, ich könnte mich auch an ihre Wange schmiegen wie ihr Smartphone. Mit einer Hand holte sie jetzt den ersten Kaffee aus dem Vollautomaten, und mit der anderen befüllte sie geschickt den Milchschäumer, der in einer Reihe stand, gleich neben Teekocher, Entsaftungsmaschine, Mikrowelle, Reiskocher, Smoothie-Mixer, Waffeleisen und Sandwichmaker.

»Ich brauche mal eine Auszeit von der ganzen Technik«, sagte ich zu ihr, nachdem sie mit dem Telefonieren fertig war und wir gemeinsam am Tisch saßen.

»Von der Technik?«, wiederholte Sarah nachdenklich fragend und nippte an ihrem dampfenden Kaffee. Die Schaumhaube auf dem Becher sah wirklich perfekt aus. In Sachen Milchschäumung, das musste man ihm lassen, schien der Fortschritt bereits auf seinem Zenit angekommen.

»Dieses Video, die Kommentare, das seltsame Institut«, versuchte ich es Sarah zu erklären. »Außerdem muss ich öfters daran denken, was Martin in Berlin gesagt hat. Wir laden unser Handy auf, aber nicht unsere Glücksbatterien. Wir rennen immer schneller im digitalen Hamsterrad, dabei brauchen wir eigentlich mal eine Pause. Geht dir das nicht auch so?«

»Die Dosis macht das Gift, hat dein Freund Puschi gesagt«, antwortete Sarah. »Jeder sollte für sich selber entscheiden, wann es zu viel ist und wie viel Zeit er mit den Dingen verbringt.«

»Also ich konnte das nicht selber entscheiden«, protestierte ich. »Hätte Giebelstein das Video nicht hochgeladen, wäre ich ja wohl kaum Trending Topic auf Twitter.«

»Ich würde darauf vertrauen, was Dr. Frankenheimer gesagt hat«, versuchte Sarah mich zu besänftigen. »Es ist sicher eine vorübergehende Sache. Wart's ab. Die Leute treiben schon bald die nächste digitale Sau durchs Dorf.«

Darauf vertrauen, was Dr. Frankenheimer gesagt hat? Mich vom Fürsten der Finsternis und Handlanger der Künstlichen Intelligenz unterjochen lassen? Niemals! Kurz dachte ich daran, dass Sarah und er vielleicht sogar unter einer Decke stecken könnten? Das war ähnlich unwahrscheinlich wie die Zombie-Apokalypse. Aber man konnte ja nie wissen. Vorsichtshalber würde ich mir nichts anmerken lassen.

»Weißt du, aber vielleicht ist es wirklich ganz gut, wenn du mal eine Pause einlegst«, schlug Sarah plötzlich von sich aus vor. »Die ganze Sache ist für deine Neurosen nicht gerade förderlich und für deine Mitmenschen ebenso wenig.«

»Was soll das denn heißen?«, wollte ich wissen.

»Verstehe mich bitte nicht falsch. Ich habe vollstes Verständnis für die Sache mit dem Video«, sagte Sarah, »aber ich finde, du steigerst dich da ein bisschen zu krass rein. Du konzentrierst dich nur auf die negativen Seiten und malst dir die krudesten Horrorfantasien aus!«

»Jetzt übertreibst du aber«, gab ich zu meiner Verteidigung zurück, »und außerdem, du musst selber zugeben, einige der Geschichten über China grenzten schon an Schaudermärchen.«

Ich erinnerte mich an die dunklen Gänge des seltsamen Instituts, die Roboter und den Bildschirm, auf dem uns der Doktor die Kontrollmechanismen der chinesischen Regierung vorgeführt hatte. Von Künstlicher Intelligenz gesteuerte Technik, die über 1,4 Milliarden Chinesen wachte. Ein Überwachungsapparat, der »1984« wie ein Pixibuch wirken ließ. Es war doch nur eine Frage der Zeit, bis sich das verselbstständigte und die technologische Singularität ihre eigene Kreaturen erschuf, um sich die Menschheit Untertan zu machen.

»Frankenstein«, murmelte ich gedankenverloren vor mich hin.

»Frankenheimer«, korrigierte Sarah trocken. »Siehst du, das meine ich. Komm mal runter. Ich glaube, du brauchst tatsächlich einen Digital Detox.«

Nachdem also mein außerplanmäßiger Urlaubsantrag samt Diskussion und Kopfschütteln bei Sarah genehmigt war, musste natürlich noch Dr. Liebermann überzeugt werden. Am nächsten Tag im Büro traf ich kurz vor dem Termin in der Küche Gunnar und Jill. Gunnar war gerade dabei, die Bohnen der Kaffeemaschine nachzufüllen, natürlich mit seiner gewohnt guten Laune. Jill saß an dem kleinen Küchentisch und tippte auf ihrem Handy rum. Das Klacken ihrer langen Fingernägel auf dem mit Strass besetzten iPhone gesellte sich zum leisen Summen des Kaffeevollautomaten.

»Du willst was?«, fragte mich Gunnar ungefähr so, als hätte

ich gerade erzählt, ich will den Mount Everest ohne Sauerstoff besteigen.

»Richtig gehört«, sagte ich gut gelaunt. »Kein Internet! Und auch kein Handy. Telefonieren kann man nur über ein altes analoges Telefon. Mein Freund Martin hat mir eine kleine alte Hütte im Wald besorgt. Zwischen Wäldern und Weiden. Weit ab vom Schuss. Wo sich Igel und Hase Gute Nacht sagen. Und zwar persönlich und nicht per WhatsApp.«

»Du bist sooo weird«, kommentierte Jill mein Vorhaben.

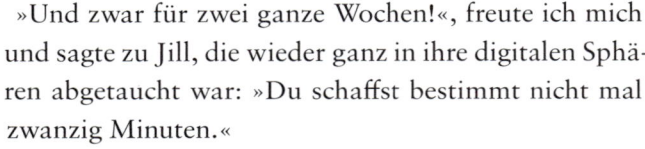

»Und zwar für zwei ganze Wochen!«, freute ich mich und sagte zu Jill, die wieder ganz in ihre digitalen Sphären abgetaucht war: »Du schaffst bestimmt nicht mal zwanzig Minuten.«

»Echt jetzt. Ohne Internet?« Gunnar konnte es immer noch nicht glauben. Plötzlich klingelte sein Handy, aber mit einem Ton, den weder ich noch Jill kannten.

»Hast du einen neuen Klingelton?« Jill war blitzartig aus dem Sog der Netzwelt in der realen Konversation aufgetaucht.

»Nee, das ist meine Türklingel«, erklärte Gunnar.

»Türklingel?«, fragte ich nach, als hätte ich mich verhört. Gunnar nahm sein Telefon aus der Tasche, entsperrte den Bildschirm und ließ uns wissen: »Durch den digitalen Spion meines Smart Homes kann ich sogar sehen, wer gerade bei uns vor der Tür steht.«

Er hielt das Handy hoch, damit wir gemeinsam drauf schauen konnten, und man sah nur noch, wie der DPD-Bote sich wieder vom Haus entfernte. Gunnar fluchte und drückte hektisch irgendwelche Knöpfe. In der Ferne sah man noch, wie der Postposte das Paket wieder in seinen VW-Bus lud, einstieg, und dann fuhr er auch schon aus dem Sichtfeld des kleinen Türspions.

»Na, das hat ja spitze geklappt«, bemerkte ich süffisant. »Anwenderfehler würde Rollo jetzt sagen.«

»Ja ja, mach dich nur lustig«, erwiderte Gunnar und schloss die App.

In dem Moment betrat Achim die Küche und sah uns drei, versammelt um Gunnars Telefon.

»Was ist hier denn los? Virtuelles Kaffeekränzchen, oder gibt's wieder ein neues Video der Schisser-Challenge?«, fragte er.

»Zum Glück nicht«, nuschelte ich. »Davon krieg ich bald auch nix mehr mit.«

»Er will jetzt in den Wald!«, sagte Gunnar. »Ohne Internet.«

»Ist mir völlig egal, wie ihr das findet«, stellte ich fest. »Mein Freund Jablonski ist Prof an der Uni, und der weiß, wie schädlich dieser ganze digitale Kram ist. Eine Pause täte euch auch mal ganz gut.«

»Boooring!«, meinte Jill, ohne von ihrem Handy aufzuschauen.

»Kann man sich fast gar nicht mehr vorstellen, ganz ohne Internet«, überlegte Achim laut vor sich hin. »Hat ja alles immer Vor- und Nachteile. Wie heißt das denn noch gleich. Da gibt's doch auch so ein Sprichwort.«

Keiner von uns sagte etwas. Alle schauten Achim an. Man konnte ihn fast denken hören. Irgendwie war es ja auch eine Kunst, sich so viele falsche Sprichwörter zu merken.

»Das Internet ist ein zweigleisiges Schwert«, formulierte Achim nach reiflicher Überlegung. Keiner hatte dem etwas hinzuzufügen.

E in Dschungel aus Post-its. Was war bloß mit Dr. Liebermanns Büro passiert? Überall standen Pinnwände, die regelrecht übersät waren mit kleinen roten, gelben und grünen Haftnotizen. Seine Sekretärin, Frau Wulff, hatte gesagt, ich solle schon mal reingehen, und kichernd hinzugefügt, der Herr Doktor sei noch einmal schnell »für kleine Königstiger«. Langsam ließ ich meinen Blick durch sein Büro streifen. Ich blieb kurz an dem Bonsai-Baum hängen, der auf dem Fensterbrett stand. Er könnte dringend etwas mehr Pflege gebrauchen, aber Dr. Liebermann schien das Interesse verloren zu haben. So war es immer bei ihm. Obwohl er oft etwas hinterherhinkte, hegte er eine große Begeisterung für neue Lifestyle- und Management-Trends. Allerdings nur so lange, bis das nächste Thema seine volle Aufmerksamkeit beanspruchte. Ein radikaler Bruch mit dem alten war dann oft die Folge, dies erklärte offensichtlich auch das Schicksal des traurigen Bonsais. Mir fiel auf, dass es in dem Raum keine Stühle zu geben schien. Herr Dr. Liebermann hatte seinen schweren antiken Eichenschreibtisch gegen ein höhenverstellbares modernes Modell ausgetauscht. Hatten sich früher die Unterlagen darauf in schwindelerregende Höhe getürmt, stand dort jetzt nur ein ultraflacher Laptop und daneben eine kabellose Maus. Die Tür hinter mir öffnete sich, und der kleine Königstiger schlich zurück in seinen Dschungel aus Haftnotizen.

»Nehmen Sie Platz«, begrüßte mich Dr. Liebermann, der neuerdings statt Tweedsakko einen Hoodie trug. Ich schaute mich noch einmal in dem stuhllosen Büro um und blieb einfach stehen.

»Kleiner Scherz«, lachte er und fügte hinzu: »Sitzen ist ja bekanntlich das neue Rauchen. Was kann ich für Sie tun?«

»Ja also, ich habe ja noch Resturlaub«, begann ich und wurde direkt unterbrochen.

»Urlaub? Wir hatten doch gerade erst den Abteilungsausflug, ist das nicht Erholung genug?« Herr Dr. Liebermann linste

über den Rand seiner Brille auf den Monitor und sagte zu sich
selbst: »Weitsicht, Gleitsicht, man kommt schon ganz durchein-
ander. So, dann ruf ich hier mal Ihre Akte auf. Resturlaub, sagen
Sie? Stimmt sogar. Aber den wollen Sie doch jetzt nicht kurzfristig
nehmen oder?«

Mist! Ich ärgerte mich schlagartig über mich selbst. Ich war
völlig falsch an die Sache rangegangen. Dabei kannte ich den Liebermann schon so viele Jahre und hätte wissen müssen, dass diese
Thematik traditionell schwierig war. Ich entschied mich dazu, erst
einmal ein Ablenkungsmanöver zu starten.

»Was hat das denn mit den ganzen Klebezetteln auf sich?«, warf
ich meine kommunikative Nebelkerze in den Raum. Herr Dr. Liebermann sprang sofort darauf an.

»Agiles Arbeiten!« Liebermanns Augen begannen zu leuchten,
und er sah vom Computer auf. »Feedback, Feedback, Feedback.
Das ist das neue Mantra. Auf ein iteratives Vorgehen folgt eine
inkrementelle Verbesserung.«

»Klingt spannend«, log ich. Ich hatte Liebermanns ungeteilte
Aufmerksamkeit. Jetzt musste ich das Buzzword-Bingo nur noch
nutzen, um irgendwo geschickt meinen Urlaub unterzubringen.

»Und warum macht man das händisch und nicht am Computer?«, fragte ich weiter.

»Echte Kommunikation …«, erläuterte Liebermann und
klappte den Laptop zu, »… kann der Computer nicht ersetzen.
Gerade nicht bei Mitarbeitern. Da braucht es den direkten Draht.«

Meine Strategie schien sich gut zu entwickeln. Weg vom Computer war nicht weit entfernt von weg vom Büro. Und schwupps
ist man schon draußen im Wald.

»Die Kreativität soll sich auch besser entfalten, wenn man die
Geräte einfach mal ausschaltet«, pflichtete ich ihm bei und versuchte ein Brücke zu bauen: »Innovation kommt von innen.«

Klang das schon zu esoterisch? Ich war mir unsicher. Trotz seiner Begeisterung für neue Dinge war Liebermann auch nicht gerade der Waldbaden-Typ. Ich durfte den Bogen nicht überspannen. Es gab eine kurze Pause.

»Kreativität ist der Schlüssel!«, sagte Dr. Liebermann zu meiner Erleichterung. Der Weg war bereitet. Jetzt musste ich nur noch die perfekte Formulierung finden und zack meinen Urlaub dingfest machen.

»Eine kreative Pause«, schlug ich ihm vor, »um die Batterien meines Innovationsturbos mal so richtig aufzuladen.«

»Verarschen Sie mich jetzt, oder was?« Dr. Liebermann sah mich mit einem strengen Blick an, in dem ich aber eine leichte Unsicherheit erkennen konnte. Ich musste dranbleiben. Jetzt oder nie.

»Ganz und gar nicht«, sagte ich und ließ es möglichst selbstverständlich klingen, obwohl ich innerlich vor Spannung fast platzte. »Gute Ideen entstehen in der Stille und nicht im Großraumbüro. Das ist wissenschaftlich ausreichend erwiesen. Professor Jablonski von der Universität Berlin hat dazu ausgiebig geforscht. Wenn Sie also wollen, dass ich mich bei der Arbeit besser konzentrieren kann, dann geben Sie mir bitte schön auch die Möglichkeit dazu!«

»Hört, hört!« Liebermann zog die Augenbrauen hoch und erwiderte ruhig: »Mutiger Auftritt. Kennt man von Ihnen gar nicht. Aber wie heißt es so schön im agilen Manifest: Individuen und Interaktionen! Also Kommunikation auf Augenhöhe. Na, dann wollen wir mal hoffen, dass Sie ein paar gute Ideen mitbringen.«

Hieß das, er hatte den Urlaub bewilligt? Es klang so! Jetzt bloß nicht noch groß nachfragen. Still und leise schlich ich rückwärts aus dem Büro. Einen kleinen Schritt nach dem nächsten. Inkrementell sozusagen.

Etwa zwei Wochen später war ich endlich abfahrbereit. Die Sachen waren gepackt, und es war höchste Zeit für die Fahrt ins Exil, denn die Stimmung zu Hause wurde einfach nicht besser. Vielleicht hatte Sarah sogar recht, wenn sie sagte, ich würde mich in die Sache reinsteigern. Umso wichtiger war es, wieder einen klaren Kopf zu bekommen. Eine ›klitzekleine‹ Kleinigkeit hatte ich noch für Sarah zu erledigen. Auf dem Weg zu unserem Wagen sollte ich eine Retouren-Sendung zum Paketdienst bringen, denn Sarah hatte mal wieder etwas online bestellt. Mein Koffer wog zwar einiges, aber das kleine Paket samt Beleg war leicht. Frohen Mutes schloss ich die Tür, hob den schweren Koffer, klemmte mir das Paket unter den Arm, ging die Treppe hinunter und verließ das Haus.

Die Hochglanzoptik des Online-Shoppings stand im krassen Gegensatz zur Offline-Rückgabe. Die Annahmestelle befand sich in einem dieser Läden, die sich Call-Shop nannten, aber irgendwie alles anboten: Getränke, Snacks, Sim-Karten, eine Internet-Café-Ecke aus zwei Sitzplätzen inmitten halb ausgepackter Kartons und Paletten. #nofilter, die ungeschminkte Wahrheit am Ende der digitalen Customer Journey, mit einer langen Schlange genervter Kunden vor dem Annahmetresen. Ich stellte mich an und wartete geduldig, bis ich endlich an der Reihe war.

»Der Beleg muss aufgeklebt sein«, sagte der Besitzer nur knapp nach einem prüfenden Blick auf das Paket und den Zettel, den ich in den Händen hielt.

»Machen das nicht Sie?«, wollte ich wissen.

»Nein«, antwortete er. »Ich scanne nur.«

»Geht's bald weiter?«, beschwerte sich schon der Erste aus der Reihe hinter mir.

»Alles klar. Haben Sie Tesafilm für mich, dann mache ich das schnell selber«, schlug ich vor.

»Nur Paketband«, erwiderte er. »Bitte beeilen Sie sich. Sie halten ja den ganzen Laden auf.«

»Dauert's noch lange?«, rief wieder einer von hinten.

»Der hat den Beleg noch nicht einmal aufgeklebt«, wusste ein anderer die Antwort.

Ich wurschtelte mit dem Paketband rum und kam ins Schwitzen. Es wollte auf dem Paket einfach nicht halten.

»Das fällt ab«, kommentierte der Besitzer.

»Danke für den Hinweis«, gab ich genervt zurück. »Das sehe ich selbst.«

»Hat der noch nie ein Paket zurückgegeben, oder was?«, hallte es durch den Raum.

Es wurde einfach nichts. Der Beleg fiel immer wieder ab. Das billige Paketband wollte einfach nicht halten. Ich gab auf. Wütend klemmte ich mir das Paket wieder unter den Arm.

»Bin gleich wieder da«, raunzte ich dem Besitzer entgegen, nahm meinen schweren Koffer und schleppte ihn an der Schlange vorbei aus dem Laden, rollende Augen und genervte Blicke inklusive.

Drei Stockwerke später war ich mit dem Koffer wieder in unserer Wohnung und schweißgebadet. Den Start in meine Auszeit hatte ich mir irgendwie anders vorgestellt. Aber um Batterien optimal wieder aufzuladen, musste man sie ja bekanntlich erst einmal völlig entleeren. Zumindest das schien mir zu gelingen. Ich stellte also den Koffer ab und das Paket auf den Tisch. In unserer Bastelkiste fand ich extra großen Tesafilm. Noch einmal ließ ich mich da bestimmt nicht abwimmeln. Ich klebte, was das Zeug hielt, als würde Christo den Reichstag neu verpacken. Irgendwann war die ganze Rolle alle, und ich betrachtete zufrieden mein Werk. Der dämliche Beleg klebte jetzt bombenfest.

Treppe wieder runter, rüber über die Straße, rein in den Call-Shop. Immer noch dieselbe Schlange, allerdings mit anderen

Leuten. Ich wartete wieder, diesmal ohne Geduld mit schlechter Laune. Aber das gehörte hier ja zum guten Ton, fiel also nicht weiter ins Gewicht. Irgendwann war auch ich wieder dran. Der Besitzer sah mich an, als hätte er mich noch nie gesehen.

»Ich war gerade schon einmal da«, erklärte ich. Es schien ihn nicht zu interessieren. »Ich habe den Beleg jetzt aufgeklebt. Den kriegt keiner mehr ab!«

Er zeigte sich unbeeindruckt, nahm nur seinen Scanner und hielt ihn drauf. Der Scanner piepte, und der Besitzer zuckte mit den Augenbrauen so wie Sarah. Das war definitiv ein schlechtes Zeichen. Wut stieg in mir hoch. Nervös klopfte ich mit den Fingern auf dem Tresen.

»Fehler«, sagte er, nachdem er ein zweites Mal probiert hatte, den QR Code einzuscannen, »sagt die Maschine.«

»Ist mir egal, was die Maschine sagt«, empörte ich mich und haute mit der flachen Hand auf die Tischplatte. »Dann geben Sie die Adresse halt so ein.«

»Geht nicht«, war seine Antwort, und dann zeigte er mir das Display des Scanners mit der Fehlermeldung. »Das System funktioniert nur mit Scanner.«

»Das gibt's doch gar nicht!«, echauffierte ich mich.

»Was ist da vorne denn los?«, wollte jetzt wieder einer aus der Reihe wissen.

»Gib mal her.« Ich schnappte dem Mann einfach den Scanner aus der Hand, hielt ihn auf den QR-Code und provozierte wieder nur eine weitere Fehlermeldung.

»Kommt mal zu Potte da vorne«, lautete eine weitere Forderung aus der Schlange.

»Der Tesafilm könnte das Problem sein«, bemerkte der Besitzer beim Betrachten des Pakets, »der reflektiert vielleicht und stört den Scanner.«

»Seid ihr da vorne eingeschlafen?«, dröhnte es derweil von hinten.

Meine Schläfe pulsierte, meine Muskeln verkrampften. Ich schnaubte vor Wut und warf den Scanner zurück auf den Tresen.

»Ja, ich denke, der Tesafilm ist schuld«, war sich der Besitzer jetzt sicher. »Machen Sie den noch einmal ab und kommen Sie wieder. Der Nächste bitte.«

Ich hätte heulen können, aber es half ja nichts. Schwer genervt verließ ich ein zweites Mal den Call Shop und schleppte den Koffer und das Paket zurück in den dritten Stock. Der Tesafilm ließ sich natürlich nicht lösen. Ich saß am Schreibtisch und versuchte mit einer Akribie, als handele es sich um eine ägyptische Ausgrabung, die Plastikfolie wieder abzupulen. Aber je mehr ich ablöste, desto mehr ging auch der Beleg kaputt. Das Ende vom Lied war ein zerfledderter Retourenschein und ein demoliertes Paket.

Die klitzekleine Kleinigkeit war in einem riesigen Desaster geendet, und ich konnte nichts weiter tun, als digital zu Kreuze zu kriechen. Der Smiley, der als Antwort von Sarah kam, sprach Bände.

> Bitte nicht böse sein. Das Paket ist kaputt und der Beleg unlesbar. Du musst das bitte neu verpacken und einen neuen Rücksendebeleg anfordern, ausdrucken und aufkleben.

> Und das Ganze auch noch selber wegbringen.

Bald schon war ich wirklich unterwegs. Auf der Flucht könnte man auch sagen, vor Sarahs schlechter Laune und den Schikanen der Netzwelt. Trotzdem war mir der Abschied von Sarah insbesondere nach der Paket-Aktion nicht ganz leicht gefallen, aber sie hatte sich an den Gedanken scheinbar recht schnell gewöhnt, und auf ihrer virtuellen To-do-Liste standen etliche Aktivitäten, die darauf warteten, in meiner Abwesenheit abgehakt zu werden. Ich selbst hatte keine Agenda, vor mir lag nur die glänzende Aussicht auf Auszeit. Gut gelaunt fuhr ich meinem Ziel entgegen. Die Stätte des Mächtigen war die ursprüngliche, geheimnisvolle Übersetzung des Dorfnamens, welche bis ins Mittelalter zurückreichte. Das hatte ich im Internet gelesen. Aber damit war ja jetzt Schluss. Wie würde es wohl sein, so ganz ohne das World Wide Web? Sarah hatte erzählt, dass die Angst vor dem Verzicht auf das Mobiltelefon sogar einen Namen hatte: NoMoPhobie. Dass ich daran erkranken könnte, darüber machte ich mir zur Abwechslung mal keine Gedanken. Ich war von der Autobahn abgebogen und fuhr nun an endlosen Feldern und Wäldern vorbei. Bei dem Blick in die Weite setzte bei mir augenblicklich Entspannung ein. Die Stadt, die Schisser-Challenge und auch der Kampf gegen die Künstliche Intelligenz lagen zwar erst fünfzig Kilometer hinter mir, fühlten sich aber schon meilenweit entfernt an.

Ich bog von der Bundesstraße ab und befand mich alsbald auf einer langen, von Buchen und Birken gesäumten Allee. Die Sonne strahlte durch deren Kronen, und die Lichtreflexe tanzten den Tanz eines endlosen Sommers. Die lange Straße führte nach einer Gabelung weiter auf eine Schotterpiste, die sich direkt in einen dichten Wald schlängelte. Die Allee verschwand im Rückspiegel, und zu beiden Seiten erhob sich ein dichter Forst aus saftigem Grün. Ich fuhr tiefer in den Wald, dessen gewaltiges Baumwerk sich schier endlos erstreckte. Vor mir auf dem Armaturenbrett lag mein Handy, das mich durch das Baumlabyrinth navigierte. Als ich wieder draufschaute, um bei einer Kreuzung nach dem Weg zu gucken, fiel mir auf, dass sich der kleine blaue Punkt auf der Karte schon länger nicht mehr bewegt hatte. Selbst das E war verschwunden. Diesmal hatte ich sogar weniger Signal als EDGE. Aber das lag nicht am Tarif. Ich hatte wirklich überhaupt keinen Empfang. Es geht los, wie aufregend! Dachte ich noch im ersten Moment und fuhr munter weiter. Ich kurvte unerschrocken durchs Dickicht und nahm die Abbiegungen, die ich intuitiv für die richtigen hielt. Doch meine Euphorie war von kurzer Dauer, schließlich hatte ich nach jahrelanger Smartphone-Nutzung auch meinen Orientierungssinn vertrauensvoll an Google Maps ausgelagert. Vor einer hölzernen Schranke kam ich zum Stehen und merkte, wie sich mein alter Bekannter, der Panikmotor, langsam warm lief. Hitze kroch in mir hoch, befeuchtete im Vorbeigehen die Innenseiten meiner Hände und machte es sich tropfenförmig auf meiner Stirn gemütlich. Als hätten sie sich abgesprochen, brachte sich gleichzeitig ein fetter Kloß im Halsbereich in Stellung. Ich legte den Rückwärtsgang ein und fuhr mit zitternden Händen langsam auf dem schmalen Waldweg zurück. Um zu drehen, bog ich ein Stück rückwärts ab, damit ich vorwärts wieder zurück auf die einspurige enge Schotterpiste kam. Es holperte kurz, dann drehten die Räder durch. Panisch trat ich stärker aufs Gas, merkte aber, dass ich mich immer tiefer festfuhr. Scheiße, scheiße, scheiße, dachte ich. Haute mit den Händen aufs Lenkrad und stieß einen verzweifelten Schrei aus. Von ausgeruht zu ausgerastet in unter drei Sekunden. Rekordverdächtig. Mein Panikmotor lief jetzt auf Hochtouren, meine Pumpe pochte, und mein Ohr piepte. Mein Handy lag Netz- und nutzlos vor mir auf dem Armaturenbrett. Ich wusste, ich hatte ein Problem. Die Technik würde es auf jeden Fall nicht lösen, so viel war sicher.

Ich riss die Tür auf und stapfte fluchend um das Auto rum, um das Dilemma zu begutachten. Wo war ich hier bloß gelandet? Ich wollte doch nur weg vom Web, und jetzt war ich gleich gänzlich vom Erdboden verschluckt. Ähnlich erging es dem Auto, auch das war bereits von der Natur in Beschlag genommen worden und hing in einer Art ausgetrocknetem Graben fest. Was war das hier auch für ein Terrain, ärgerte ich mich. Schließlich fuhr ich einen Kleinwagen und kein Amphibienfahrzeug. Umständlich kletterte ich hinter mein Auto und versuchte es anzuschieben. Ich stemmte mich mit voller Kraft dagegen. Es rührte sich nicht vom Fleck. Keinen Millimeter.

Mein Panikmotor hatte die Drehzahl bedrohlich erhöht. Mit Schnappatmung und Pudding-Beinen stolperte ich wieder zurück zur Fahrertür. Erst einmal setzen, irgendwie zur Ruhe kommen, versuchen, einen klaren Gedanken zu fassen, sagte ich mir und kroch auf den Sitz. Ich erinnerte mich an eine Meditationstechnik, die mir Dr. Hansen-Jansen damals beigebracht hatte. Die Reisen mit Sarah um die Welt waren ebenfalls purer Stress für mich gewesen und hatten mich des Öfteren an die Grenzen meiner Belastbarkeit gebracht. Der Doktor hatte an mich appelliert, nicht die Umstände für meinen Stress verantwortlich zu machen, sondern zu lernen, mich selbst zu regulieren. Was im Urwald von Laos funktioniert hatte, hatte hier auch eine Chance verdient. Die Optik war ähnlich, die Angst auch. Ich schloss die Augen, hielt mir mit meinem zittrigen Finger das Nasenloch zu und atmete tief ein. Eins – zwei – drei, zählte ich in Gedanken. Durch das andere Nasenloch atmete ich aus und zählte dabei bis fünf. Ich versuchte, mich nur auf das Atmen und das Zählen zu konzentrieren. Mein Panikmotor kämpfte dagegen an. Er wollte nicht vom Gas, und einen Gang runterschalten wollte er erst recht nicht. Ich blieb trotzdem dran. Die Gedanken rasten. Ich öffnete die Augen. Der Wald war immer noch da. Aus Ermangelung an Alternativen machte ich die Augen wieder zu. Weiter atmen, weiter zählen.

Bei Dr. Hansen-Jansen klang das alles immer so einfach. Mitten in einer Panikattacke zeigte sich dann, wie unkontrollierbar das Ganze doch war. Mein Gedankenkarussell drehte sich in einer schwindelerregenden Geschwindigkeit. Die schlimmsten Horrorszenarien schossen mir durch den Kopf. Würde ich erfrieren, verdursten oder verhungern, würden sogar Tiere ihren Hunger an mir stillen? Der Technik entkommen, aber von Tieren zerfleischt?

Abstand zu den eigenen Gedanken hatte Dr. Hansen-Jansen betont. Wie Wolken vorüberziehen lassen. Ich versuchte es. Immer wieder zählen und atmen. Ich wurde tatsächlich ein bisschen ruhiger. Meine verrückten Gedanken waren immer noch da, aber ich sah sie tatsächlich gelassener. Nach all den Reisen in die entferntesten Regionen der Welt fand ich mein Ende also fast vor der eigenen Haustür. Ich hörte bereits, wie ich an die Himmelspforte klopfte. Und klopfte. Und es immer lauter klopfte. Ich öffnete die Augen und sah meinem Schöpfer in die Augen. Sein dichter, weißer Bart funkelte im hellen Licht, er blickte mich freundlich durch seine kleine Nickelbrille an. Ich wartete begierig darauf, dass seine Worte mir den Eintritt ins Himmelreich gewährten.

»Moin«, sagte Gott.

Schlagartig kam ich wieder zur Besinnung. Ich war weder im Himmel noch war das der liebe Gott. Wieder klopfte der alte Mann gegen die Wind-schutzscheibe. Ich kurbelte das Fenster runter.

»Ein Glück!«, rief ich gelöst und redete auf-geregt auf ihn ein. »Sie retten mir das Leben! Mein Wagen steckt fest, mein Handy ist tot, und ich hatte schon Angst, dass ich hier nicht mehr wegkomme. Sie wissen ja gar nicht, wie froh ich bin, das Sie hier sind!«

Der Alte sagte nichts, er schaute mich bloß an. Mit seinem rie-sigen Rauschebart strahlte er wirklich etwas Sakrales aus. Man hätte sich allerdings eher ein weißes Gewand dazu vorgestellt als eine abgenutzte Wolljacke, eine schmutzige grüne Arbeitshose und die alten Militärstiefel, die er trug.

»Ich dachte schon, wer weiß, was passiert jetzt hier«, quas-selte ich leicht hysterisch auf ihn ein. »Mitten im Wald, ganz ohne Handy und ohne Orientierung. O Gott, dachte ich da. Das überlebst du nicht. Meine Frau sagt ja, allein schon der Gedanke daran, das Handy zu verlieren, kann krank machen, man nennt es NoMoPhobie.«

»NoMoPhobie«, wiederholte der Fremde.

»Ja genau«, plapperte ich weiter drauf los. »Aber das ist ja nicht das Schlimmste. Was kann hier wohl noch alles passieren. Ich hab mir schon ausgemalt, dass mich die Tiere fressen.«

Ich war fertig. Ich hatte alles ausgespeichert und fühlte mich besser. Der Alte sah mich nur wortlos an. Er musste mich für einen totalen Spinner halten. Die Vögel zwitscherten. Plötzlich hörte man ein klopfendes Geräusch von einem der Bäume. Der Alte hob den Kopf in die Richtung, aus der das Geräusch gekommen war.

»Keine Angst«, sagte er nur knapp. »Spechte fressen keine Menschen. Warte hier.«

Er wollte gehen? Bitte nicht! Konnte er nicht bleiben oder ich mit ihm mitkommen? Ich traute mich nicht zu fragen. Da war er auch bereits auf dem Weg in Richtung Schranke. Er öffnete diese und folgte dann dem Pfad, bis er aus meiner Sichtweite verschwand. Wieder hörte ich das Klopfen des Spechtes. Bedrohlich klang das nicht, da hatte der Alte zweifelsohne recht.

Mir kam es wie eine Ewigkeit vor, aber in etwa eine halbe Stunde später, hörte ich ein lautes Motorengeräusch, welches über die Stille hereinbrach wie ein Gewitter. Diesmal war es zur Abwechslung nicht mein Panikmotor, der da röhrte. Mit lautem Krach näherte sich, umgeben von einer riesigen Staubwolke, ein uralter Jeep, passierte die Schranke und kam vor meinem kleinen Auto zum Stehen. Der Alte kletterte aus dem Führerhaus und kam mit einem Spaten in der Hand auf mich zu. Ich stieg aus und beobachtete ihn dabei, wie er das Rad freischaufelte.

»Weitermachen«, sagte er, zeigte auf den anderen Reifen und ging zurück zu seinem Jeep, um die Seilwinde an meinem Auto zu befestigen.

Auf die Anweisung des Fremden setzte ich mich kurz darauf wieder zurück in mein Fahrzeug, und mit einem ohrenbetäubenden Geräusch schmiss er den alten Jeep an, welcher mein Auto mit Leichtigkeit aus dem Graben zog. Nachdem mein Auto sicher auf dem kleinen Weg stand und er die Seilwinde wieder abgemacht und eingezogen hatte, sagte er: »Ich fahr vor.«

Wir passierten die Schranke und fuhren tiefer in den Wald. Nach einer kurzen Fahrt rollten wir auf eine große Lichtung, und da lag es, das kleine skandinavische Haus. Die weißen Fenster in der in dem typischen Rot gestrichenen Fassade wirkten wie ein Farbkleks in der grünen Landschaft und strahlten die Sorglosigkeit von Bullerbü aus. Dieser Tag war wirklich eine Achterbahn der Gefühle gewesen. Eben noch der bevorstehende Tod im Wald, jetzt ein Kleinod wie aus dem Kinderbuch. Na ja, irgendwie hatte ja beides etwas mit Paradies zu tun.

»Mach's gut!«, sagte der Fremde, während er den Jeep drehte. Ich hatte meinen Wagen geparkt, war ausgestiegen und winkte ihm zum Abschied.

»Woher wusstest du, dass ich genau zu diesem Haus hier wollte?«, fragte ich ihn noch.

»Es gibt hier nur dieses Haus«, antwortete er, »und meins. Ist den meisten Menschen entschieden zu einsam hier.«

»Deshalb bin ich hier«, erklärte ich vollmundig und war mir dabei nicht mehr ganz so sicher, ob nicht halb so viel Abgeschiedenheit auch völlig ausreichend gewesen wäre. »Wie heißt du eigentlich?«

»Enno«, gab Enno zur Antwort und fuhr mit einem knatternden Geräusch davon. Ich schaute dem alten Jeep und der großen Staubwolke hinterher. Ich wünschte, er würde noch bleiben. Nur noch ein bisschen. Gegen die Einsamkeit.

Nachdem er gefahren war, holte ich meine Reisetasche aus dem Auto und nahm das Handy vom Armaturenbrett. Der kleine blaue Punkt hatte sich immer noch nicht bewegt und blinkte fröhlich vor sich hin. Ich schloss die App, überlegte einen Moment, atmete tief durch, und dann schaltete ich ganz bewusst das Smartphone komplett aus. Ich war angekommen in der digitalen Abstinenz. Das Telefon verschwand in meiner Jackentasche, und ich nahm ein Stück gefaltetes Papier heraus. Die ausgedruckte E-Mail von Puschi Jablonski enthielt das Versteck des Haustürschlüssels. In einem kleinen Vogelhäuschen wurde ich fündig und schloss die Vordertür auf. Die alten Dielen knarrten, als ich das kleine Häuschen betrat, und ich musste den Kopf einziehen, um mich nicht zu stoßen. Es roch ein wenig muffig, und ich machte in dem kleinen Flur erst einmal das Fenster auf. Ich schaute mich weiter um. Um in den Wohnbereich zu kommen, ging es vorbei an einer winzigen Küche mit einer uralten Küchenhexe. Mein erster Gedanke war, ach du meine Güte, wie sollte ich das olle Ding denn bitte in Gang setzen und dazu auch noch in einem Holzhaus? Mein erster Impuls war der Wunsch, mir dazu erst einmal ein paar Erklärvideos auf YouTube anzuschauen. Aber dann fiel mir siedend heiß ein, dass das ja jetzt nicht mehr möglich war. Nach diesem anstrengenden Tag hatte ich allerdings keine Kraft mehr, mir schon wieder irgendwelche Sorgen zu machen. Ich beschloss, mich erst einmal weiter umzuschauen.

Ich ging durch die kleine Küche weiter in den Wohnbereich. Auch dieser schien von der Größe her eher für Gartenzwerge angelegt und nicht für Städter von fast zwei Metern. Der gemütlich eingerichtete Wohnraum bestand aus einer Essecke, einer Couch und einem Kamin. Alles wirklich sehr überschaubar. Es gab noch zwei Türen, eine am Ende des Raumes, hinter der sich eine Schlafnische befand, die andere war eine typische friesische Klöntür, die auf die Terrasse führte. Ansonsten war es das. Ich schätzte die Wohnfläche auf nicht mehr als fünfzig Quadratmeter. Von den unendlichen Weiten des Webs ins Miniaturwunderland Waldfrieden. Still war es wirklich. Geisterhaft still. Erst jetzt fiel mir auf, wie laut und hektisch die Stadt wirklich war. Hier stand ich im Haus und hörte lediglich das entfernte Zwitschern einiger Vögel. Ich ging hinaus auf die Terrasse. Man hatte einen schönen Blick auf den großen naturbelassenen Garten, eingerahmt von den hohen Bäumen des dichten, grünen Forstes. So weit das Auge sah, World Wide Wald. Ich stellte meine Tasche auf den Gartentisch, setzte mich auf einen Gartenstuhl und atmete tief durch. Was für ein irrer Empfang. Ich musste ein bisschen über mich selber schmunzeln. Im Nachhinein wirkte meine Panikattacke tatsächlich total übertrieben. Aber jetzt war alles gut. Ich griff reflexartig zum Handy, um Sarah zu schreiben, ich sei gut angekommen. Das tote Display erinnerte mich an den Grund meines Aufenthalts. Ich würde sie einfach später auf dem alten analogen Telefon zurückrufen. Wie war noch gleich ihre Telefonnummer?

Als ich zurück in die Stube ging, stach mir eine alte Gitarre ins Auge, die hinter einem alten Medizinschrank an der Wand lehnte. Ich setzte mich mit dem Instrument auf die Couch und begann, ein bisschen darauf herumzuklimpern. Es war verrückt, aber ich war wirklich und wahrhaftig offline. Allein im Wald, ohne eine Menschenseele, abgeschnitten von der Außenwelt. Zu dieser Stimmung passte am besten ein Blues.

Der Offline Blues

Das ist der Offline Blues
Ich hab heut' keine To-do's

Online alle so: Yeah!
Nur ich hab kein Akku mehr

Kein Tweet, kein Like,
kein Bit, kein Byte

Und kein Smartphone weit und breit
Nur analoge Einsamkeit

Das ist der Offline Blues
Hört mir denn keiner zu?

Im Netz da ist Party Time
Und mir schlafen hier die Hände ein

Kein Tweet, kein Like,
kein Bit, kein Byte

Und kein Smartphone weit und breit
Nur analoge Einsamkeit

Bin ich dafür schon bereit?

Mit dem Abend kam die Feuchtigkeit aus dem Wald gekrochen und brachte auch eine kleine Abkühlung mit sich. Da es in dem Haus keine Heizung gab, beschloss ich, den Kamin anzufeuern. Ein Tutorial aus dem Internet kam ja nun nicht mehr infrage. Ich war auf mich selbst gestellt und gleichermaßen erschrocken, wie lebensunfähig man sich bereits nach dieser kurzen Zeit ohne Netz vorkam. Aber ich war ja hier, um das zu ändern. Also verließ ich das Haus, um aus dem Schuppen Holz zu holen. Vor dem Schuppen kam ich an einem Baumstamm vorbei, der offensichtlich als Hackklotz genutzt wurde. Die Axt steckte noch drin. Über ihr war ein Schild befestigt. »Nicht nur heizen, auch mal hacken!«, stand dort. Wollen wir es nicht gleich übertreiben, dachte ich, eins nach dem anderen. Bevor ich beim Holzhacken ein Bein verlöre, würde ich erst einmal schön die Bude einheizen. Ich kehrte also mit den Scheiten zurück in die Stube und befüllte damit den Kamin. Ein bisschen Zeitungspapier legte ich auch mit rein und begutachtete stolz mein Werk. Feierlich zündete ich ein Streichholz an und entfachte die Flamme. Feuermachen ist ja schließlich das ureigenste Ritual des Überlebens. Ganz ohne digitale

Hilfe, dachte ich noch, dann verschwand immer mehr von der Flamme, und der Feuerraum des Kamins füllte sich mit dicken Rauchschwaden. Erst stand ich untätig daneben, der festen Überzeugung, es würde sich schon selber lösen. Aber dann qualmte es immer mehr, und die dicken Rauchwolken traten langsam an der Seite der geschlossenen Kaminklappe aus. Ich wurde hektisch und lief aus dem Haus. Vor der Haustür blieb ich stehen und hielt inne. Dieses Hexenhäuschen musste schon Jahrzehnte lang hier im Wald gestanden haben, und jetzt kam ich und brannte es bereits nach drei Stunden Aufenthalt nieder. Das war keine Option. Also wieder rein ins Häuschen. Als ich die Tür öffnete, kamen mir schon die Rauchschwaden entgegen. Hustend und wedelnd kämpfte ich mich zurück in das Wohnzimmer, riss alle Fenster auf, schnappte mir den Blasebalg und versuchte das Feuer richtig in Gang zu bringen. Ich legte noch mehr Zeitungspapier und Holzspäne nach, und langsam aber sicher sah man ein züngelndes Flammenbild, und der Rauch legte sich. Völlig ermattet ließ ich mich auf die Couch fallen, schenkte mir ein Glas Rotwein ein und schaute in die Flammen.

Was für ein Tag! Ich ging zu meiner Tasche und holte mein Skizzenbuch heraus. Ich hatte beschlossen, die Eindrücke meines Experiments täglich mit kleinen Zeichnungen festzuhalten. »Aufzeichnungen des analogen Alltags« hatte ich auf den Einband des Büchleins geschrieben, das ich nun aufklappte und eine erste Zeichnung hinzufügte. Irre, was in diesen paar Stunden bereits alles passiert war. Bis jetzt kam die Handy-freie Zeit definitiv auf einen ähnlich hohen Entertainment-Faktor wie die Clips auf YouTube. Das Selbsterleben war allerdings deutlich anstrengender. Es dauerte also nicht lange, und der Rotwein in Kombination mit der wohligen Wärme ließen mich direkt vor dem Kamin selig einschlummern.

Aufzeichnungen des analogen Alltags
Tag 1
Nahtod und Rettung durch Enno den Einsiedler

Am nächsten Morgen wachte ich von den ersten Sonnenstrahlen und Vogelgezwitscher auf. Sonst weckte uns immer das Smartphone und neuerdings Sarahs komischer Lichtwecker, dessen Sonnenaufgangssimulation aber gegen diese echte Morgendämmerung eher bescheiden ausfiel. Ich reckte und streckte mich. Lange hatte ich nicht mehr so tief und gut geschlafen. Normalerweise checkte ich morgens als Erstes die Nachrichten und meine Mails. Meistens noch im Bett. Sarah und ich lagen dann nebeneinander, und jeder schaute auf seinen Screen. Mit etwas Abstand wirkte das zwar absurd, und doch spürte ich jetzt, dass mir etwas fehlte.

Ich stand auf und öffnete die Gardinen. Der Wald leuchtete grün in all seinen Facetten, feucht von Morgentau und mit einer Frische voller Tatendrang des neuen Tages. Als Erstes würde ich Sarah anrufen. Gestern wollte ich sie nicht mehr stören, da ich erst spät vor dem Kamin wieder aufgewacht war. Also ging ich durchs Wohnzimmer. Die Dielen knarrten. Es war das einzige Geräusch weit und breit. Die Stille war irgendwie angenehm und beängstigend gleichermaßen. Bei dem alten analogen Telefon angekommen, nahm ich den Hörer ab, wählte auf der Drehscheibe Sarahs Mobilnummer und wartete, bis ein Freizeichen erklang.

»Hallo?!«, schrie Sarah in den Hörer, begleitet von der wahnsinnigen Geräuschkulisse des Hamburger Straßenlärms. Vor Schreck hielt ich den Hörer von meinem Ohr weg.

»Warte mal kurz!« Es rumpelte in der Leitung, und Sarah erklärte: »Ich muss das Handy anders halten. Ich fahr grad zur Arbeit.«

»Lass uns lieber später telefonieren«, sagte ich sofort. Sarah fuhr nämlich ähnlich waghalsig Fahrrad wie Auto. Sie war der einzige Mensch, den ich kannte, der für falsches Fahrradfahren Punkte in Flensburg bekommen hatte. Aber wer eine rote Ampel freihändig überfuhr, weil er dabei SMS schrieb, der war auch selber schuld. Besser keinen erneuten Eintrag riskieren. Telefonieren konnten wir schließlich auch später. Ich hatte ja Zeit.

»Okay«, rief Sarah gegen den Verkehr an. »Wie ist es denn so?«

»Leise«, antwortete ich.

»Waaaas?«, brüllte Sarah in den Hörer.

»LEISE!«, schrie ich zurück.

»Ja. Sorry!«, antwortete Sarah. »Ich muss so schreien. Ist irre laut hier. Schreib mir besser. Erhol dich gut und bis später.«

Es machte klick, und die Stille kehrte zurück. Schreiben war keine Option, denn mein Smartphone lag ja tot in der Jackentasche. Jetzt vermisste ich es doch ein wenig. Ob es überhaupt anging? Vielleicht sollte ich es einschalten, um zu gucken, ob es noch funktionierte. Natürlich nur kurz, um für den Notfall vorbereitet zu sein. Dann fiel mir das Problem mit dem Empfang wieder ein. Aber hatte ich es wirklich überall probiert? Es war ja nicht ausgeschlossen, dass man hier vielleicht doch irgendwo Netz hatte, vielleicht im Garten?

Ich ging zu meiner Jacke und holte das Telefon raus. Ich drehte und wendete es in der Hand. Mein Finger strich über den Anschaltknopf. Ich war kurz davor, es anzuschalten, aber ich blieb eisern. Die Frage war, wie lange noch. Es war neun Uhr morgens, die Sonne schien, und zu tun gab es … nichts. Gar nichts. Rein gar nichts. Absolut nichts. Das gab's doch gar nicht. Oder doch? Ich würde es herausfinden. Ich steckte das Handy zurück in die Jackentasche, öffnete die Terrassentür und schaute in den Garten. Dann schaute ich wieder auf die Uhr. Es war jetzt neun Uhr fünf. So schien hier auch die Zeit zu vergehen. Nämlich gar nicht.

Ich spazierte durch den Garten und entdeckte einen weiteren kleinen Schuppen. Ich öffnete die Tür und sah im Halbschatten einen Rasenmäher, einen Rechen, Spaten, Schaufeln und allerhand andere Utensilien zur Gartenpflege. Plötzlich machte sich mit einem lauten Geräusch erst eine Wespe bemerkbar, dann eine weitere, dann sah ich im hinteren Teil das ganze Nest, und dann nahm ich auch schon die Beine in die Hand. Ich lief ums Haus herum und kam erst wieder zum Stehen, als ich sicher war, dass keine Wespe mehr in Sicht war. Gartenarbeit fiel also auch aus. Es schien wie verhext.

Mein Blick fiel auf eine Hängematte, die im Vorgarten zwischen zwei Bäumen gespannt war. Ich legte mich hinein und schaute in den Himmel. Die Wolken bewegten sich ähnlich zäh wie der Zeiger auf der Uhr. Ob es wohl etwas Neues auf der Welt gab? Nachrichten hatte ich schließlich heute noch keine gelesen. Und viel wichtiger die Frage, ob es wohl etwas Spannendes in einer der vielen Chatgruppen gab, die ich auf meinem Handy hatte? Vielleicht vermisste ich das am meisten. Im Alltag fühlte ich mich oft schnell genervt von der Vielzahl teilweiser unnützer oder alberner Messages. Aber ganz ohne fühlte ich mich auch irgendwie leer und einsam. Und unruhig. Ich stand wieder auf, ging ins Haus zurück und durchforstete die Bibliothek des Hauses. Ich kam mit einem abgegriffenen Roman zurück und machte es mir wieder in der Hängematte bequem. Tatsächlich hatte ich erst Probleme, mich auf das Lesen zu konzentrieren. Immer wieder schweiften meine Gedanken ab. Nach einer Zeit ging es dann aber, und schon bald war ich vertieft in der Geschichte und vergaß alles um mich herum, sogar die Zeit.

Ich glaubte es kaum, aber auch dieser Tag ging irgendwann zu Ende. Am Abend tanzten die Flammen im Kamin, und ich wurde sogar etwas schläfrig, obwohl ich den lieben langen Tag fast gar nichts gemacht hatte. Ich nahm mein Skizzenbuch zur Hand. Eigentlich hatte ich ihm den falschen Titel gegeben. Richtigerweise müsste es anders heißen.

Logbuch der Langeweile
Tag 2

Da ich früh ins Bett gegangen war, wachte ich auch früh wieder auf. Die Vögel zwitscherten, ich streckte langsam den Kopf aus der Decke hervor und schaute mich vorsichtig im Zimmer um. Hinter jeder Ecke schien er zu lauern. Der neue Tag. Unendlich lang und gnadenlos eintönig. Ich wusste nicht, was besser war: digitale Hysterie oder analoge Monotonie? Ich wusste allerdings, dass ich nicht noch einen Tag nur im Haus verbringen konnte, dann würde mir wirklich die Decke auf den Kopf fallen. Ich musste unbedingt raus und auf andere Gedanken kommen. Ich beschloss daher, das Ganze etwas aktiver anzugehen.

Nach dem Frühstück brach ich also zu einem ausgedehnten Spaziergang auf. Hinter dem Haus bog ich auf einen Wanderweg ein und spazierte diesen gemütlich entlang. Die Sonne schien durch die Wipfel, und die himmlische Ruhe wurde nur unterbrochen durch das Summen der Insekten und Singen der Vögel. Die riesigen Bäume flößten mir gehörigen Respekt ein. Die Stätte des Mächtigen, erinnerte ich mich an die Übersetzung des Ortsnamens. Plötzlich sah ich, wie ein Reh aus dem Unterholz auftauchte und auf den Weg lief. Es schaute mich kurz an und verschwand sofort wieder im Gehölz. Ich blieb noch einen Moment stehen. Ich konnte mich nicht daran erinnern, wann ich das letzte Mal

so verträumt durch die Gegend geschlendert war, und ich wusste ehrlich gesagt auch nicht mehr, wann ich das letzte Mal ein Reh in der freien Natur gesehen hatte. Und auch wenn das sicherlich nichts Besonderes war, so musste ich darüber nachdenken, wie wenig Zeit wir uns heutzutage dafür nahmen, auch mal nichts zu tun.

»Ziellos« klang wie ein Schimpfwort und Tagträumen wie eine Diagnose. Keine Minute verging doch heutzutage mehr ungenutzt. Ich musste an Sarah denken und ihren unbändigen Eifer für Neues. Alles war immer spannend und sie immer in Aktion. Höher, schneller, weiter. Damit war sie nicht alleine. Unsere ganze Gesellschaft schien inzwischen so zu funktionieren. Immer mehr wurde in immer weniger Zeit möglich. Selbst wenn die Menschen Erholung suchten, wirkte das oft so, als wäre das nur ein weiteres Häkchen auf einer endlosen To-do-Liste des digitalen Lebens. Aber machte uns das glücklicher? Puschi Jablonski hatte das vor einigen Monaten in Berlin verneint. Unsere Glücksbatterien brauchen Ruhe, um sich zu regenerieren, hatte er gesagt. Aber wer nahm sich schon die Zeit für Muße? Sie wirkte heutzutage wie aus der Zeit gefallen. Als hätte die Welt die Pause einfach abgeschafft.

Während ich so nachdenklich meines Weges ging, tauchte in der Ferne ein zweites Haus auf. Ebenfalls versteckt zwischen Bäumen und mit ähnlicher rot-weißer Optik wie das Haus, in dem ich wohnte. Die kleinen Häuschen erinnerten mich unweigerlich an die Ferien meiner Jugend. Fünfzehn Jahre Dänemark-Urlaub mit meinen Eltern: gleiche Insel, gleicher Ort, gleiches Ferienhaus. Meine Eltern hatten gegen ihre eigenen Angstneurosen ein praktisches Rezept entwickelt: neue Dinge einfach meiden, dann konnte nichts passieren. Und so war es auch gewesen. In den fünfzehn Jahren Dänemark-Urlaub passierte so gut wie gar nichts. Langeweile war also schon früh einer meiner Begleiter geworden. Umso hastiger hatte ich mich auf jegliche neue Technik gestürzt, eine wirksame Pille gegen Eintönigkeit, wenn auch mit erheblichen Nebenwirkungen.

Nun stand ich vor dem Haus, in dem Enno der Einsiedler wohnte. Ich schaute in die kleinen Fenster und freute mich darauf, ihn wiederzusehen. Allerdings konnte ich niemanden entdecken, offensichtlich schien er nicht im Haus zu sein. Doch in dem Moment vernahm ich ein wuchtiges Geräusch, das aus dem Garten kam. Ich ging durch eine Pforte und um das Haus herum. Als ich um die Ecke bog, erstreckte sich vor mir eine weitläufige Rasenfläche, an dessen Ende ein kleiner Acker, ein Gewächshaus und ein Schuppen standen, dahinter ragte der Wald empor.

Enno stand mitten auf dem Rasen und hackte Holz. Ein mittelgroßer grauer Hund mit leicht lockigem Fell lag entspannt ausgestreckt auf dem Rasen und hob nur kurz den Kopf, als ich auftauchte. Enno hatte seinen Wollpullover ausgezogen, und sein drahtiger Oberkörper war zu sehen. Dieser glänzte in der Sonne, und er schien ausschließlich aus Sehnen und Muskeln zu bestehen. Enno war wirklich sehr dünn, ein Strich in der Landschaft. Kein einziges Gramm Fett konnte ich ausmachen. Obwohl Enno irgendwie zeitlos wirkte, schätzte ich ihn auf weit über siebzig. Dass er in dem Alter noch so fit war, war wirklich beachtlich. Mit einer Leichtigkeit sauste die Axt nieder und zerteilte die Holzklötze wie ein Sushi-Messer den Lachs.

»Moin«, begrüßte ich ihn.

Enno sagte nichts, schaute mich an, versenkte die Axt schwungvoll im Hackklotz, wischte sich den Schweiß von der Stirn und kam zu mir rüber.

»Schön dich zu sehen«, fügte ich hinzu. Der wortkarge Enno zeigte nur auf den Tisch, der auf seiner Terrasse stand. Ich sollte mich wohl setzen. Er verschwand im Haus und kam mit einer großen Karaffe zurück und schenkte uns beiden ein großes Glas Apfelsaft ein.

»Lecker«, sagte ich, nachdem wir einige Zeit still dagesessen hatten. »Selbst gemacht?«

Enno nickte nur. Er saß dort mit geschlossenen Augen und schien die Sonne zu genießen. Er sprach wirklich wenig. Hatte ich mir eben noch Gedanken zur Ruhe und Erholung gemacht, merkte ich an mir selbst, wie schwer es mir fiel, ausnahmsweise mal nichts zu sagen. Insbesondere dann, wenn jemand direkt neben mir saß. Enno schien das überhaupt nicht zu stören. Ich linste zu ihm rüber, war er etwa eingeschlafen? Ich war mir nicht ganz sicher. Er saß komplett reglos da. Ob er noch atmete? Ich wusste es nicht. Ich überlegte, ob ich noch ein Gespräch anfangen sollte. Aber über was? Holzhacken? Irgendwie hatte ich das Gefühl, darüber konnte man sich nur in der Stadt unterhalten. Hier schien das einfach dazuzugehören und war nichts, über das man extra sprechen musste.

In der Stadt fiel einem ja gar nicht mehr auf, wie ungeduldig man in Wirklichkeit geworden war. Da machte man ja immer irgendetwas. Im Zweifel daddelte man im Handy. Hier nicht. Hier war tote Hose. Opa Enno döste vor sich hin, und ich schloss ebenfalls die Augen. Blieb mir ja nichts anderes übrig.

»Hunger?«, fragte Enno nach einer gefühlten Ewigkeit. Diesmal war ich es, der nur nickte.

Er stand auf und ging ins Haus. Ich folgte ihm und sah mich um. Auch seine Hütte war ähnlich sparsam eingerichtet wie meine. Auch hier, kein Fernseher, kein Computer, noch nicht einmal ein Radio. Wie konnte man nur dauerhaft auf so kleinem Raum mit so wenigen Sachen leben, fragte ich mich. Enno schien es zu genügen.

Von einem der Schränke lächelte mich sanftmütig eine hölzerne Buddha-Statue an. Mein Blick schweifte über das Buchregal. Davon gab es hier tatsächlich viele. Irgendwas musste man hier in der Einöde schließlich tun. Ich drehte mich um und beobachtete Enno dabei, wie er das kleine obere Fach der Küchenhexe öffnete und Reisig, ein wenig Papier und Holz hineinlegte. Ich machte einen gedanklichen Vermerk, die Holzscheite später aus der großen Klappe, die ich für den Feuerraum gehalten hatte, zu entfernen. Enno entzündete das Ganze mit einem Streichholz und stellte die Luftzufuhrklappe auf Kipp. Ich merkte mir alles ganz genau. Heute Morgen hatte ich lediglich kalte Milch zum Frühstück getrunken. Einen weiteren potenziellen Brand wollte ich tunlichst vermeiden. In diesem Moment war Enno fertig und stellte bereits den Topf auf die Herdplatte. Wenige Minuten später erfüllte der schmackhafte Duft des Eintopfs die Luft der kleinen Küche, und ich merkte, wie hungrig ich war.

Es gab einen Eintopf aus selbst angebauten Kartoffeln, Zucchini, Kohlrabi, Zwiebeln und Petersilie und dazu frischen Salat mit Tomaten, die wirklich nach Tomaten schmeckten und nicht nach diesen roten Dingern aus irgendeinem holländischen Gewächshaus. Wir saßen wortlos und aßen. Als wir fertig waren, begann Enno zu meiner Überraschung ein Gespräch.

»Du hast gesagt, du bist wegen der Einsamkeit hier«, fragte er. »Warum?«

»Ich brauchte mal eine Pause«, erklärte ich, »... von der Technik.«

Ich suchte nach einer einfachen Erklärung und erläuterte Enno: »Ich habe das Gefühl, es ist alles ein bisschen viel geworden in der Stadt. Jeder ist nur noch mit dem Handy beschäftigt, alles ist hektisch, und der Einsatz von Künstlicher Intelligenz nimmt komische Züge an.«

»Wieso?«, wollte er wissen.

Dann erzählte ich Enno von Puschi Jablonskis steilen Thesen und unserem Besuch im seltsamen Institut von Dr. Frankenheimer.

Enno hörte sich alles ruhig an und nickte manchmal an Stellen, an denen ich besonders aufgeregt berichtete.

»Es scheint, als ob alle dem schnellen Glück hinterherjagen«, schloss ich meine Erzählung, »… und am Ende sind sie ungeduldiger, unkonzentrierter und unglücklicher als je zuvor. Und überwacht werden sie dabei auch noch!«

»Wundert dich das?«, fragte Enno.

»Dich etwa nicht?« Ich war empört. Ich hatte aufgeregt und präzise alles geschildert. Die Welt stand am Abgrund, und Enno saß einfach nur so da. Als ob ihn das alles überhaupt nicht tangierte.

»Die Menschen jagen doch seit jeher dem Glück hinterher. Das ist nichts Neues«, stellte er gelassen fest. »Das Internet suggeriert nur noch mehr Möglichkeiten, die erstrebenswert sein sollen. Es stiftet noch mehr Unruhe, mehr nicht.«

»Mehr nicht?« So konnte man das unmöglich stehen lassen, also hielt ich dagegen: »Und die Künstliche Intelligenz und die Herrschaft der Maschinen? Was ist denn damit? Das ist doch real. Die spionieren uns aus und stehlen unsere Zeit. So sieht es nämlich aus. Und eh wir uns versehen, regieren die Roboter, und wir sind verloren!«

»Wenn du es so siehst, bist du bereits verloren.« Enno blieb völlig entspannt. »Die Menschen machen sich zu Marionetten ihrer Möglichkeiten.«

»Als ob man eine Wahl hätte«, entgegnete ich trotzig. »Professor Jablonski hat es selber gesagt: Wir sind alle Opfer unserer biologischen Triebe.«

»Man hat immer eine Wahl.« Enno ließ sich einfach nicht aus der Fassung bringen. »Dein Professor hat natürlich recht, wenn er sagt, dass Apps und Co darauf ausgelegt sind, tiefliegende Automatismen in uns zu aktivieren. Und ja, das stiehlt uns Aufmerksamkeit und Zeit. Aber das ist kein Geheimnis, sondern ein Geschäft.«

»Siehst du!«, unterbrach ich ihn und sah mich bestätigt.

»Das emotionale Gehirn lässt sich leicht überlisten«, erklärte Enno seelenruhig weiter. »Es hat die Tendenz, den Weg des geringsten Widerstands zu gehen. Die Frage ist aber, ob wir das zulassen wollen. Keiner muss sich abhängig machen von äußeren Einflüssen. Der Buddha sagt, das Glück liegt in uns, nicht in den Dingen. Du wirst sehen, es wird auch dir guttun, vom Autopiloten deines Gehirns ein wenig Abstand zu gewinnen.«

»Abstand zu gewinnen hat mich hierhergeführt«, sagte ich mehr zu mir als zu Enno.

»Und diesen wirst du nirgendswo finden. Außer in dir selbst.« Enno räumte das selbst getöpferte Geschirr ab und verschwand in seiner Hütte.

Als ich wieder in mein kleines Häuschen zurückgekehrt war, traute ich mich endlich an die Küchenhexe. Genau wie Enno schob ich Reisig und Papier in das Feuerfach, zündete es an und öffnete die Lüftung. Und tatsächlich erwärmte sich die Herdplatte, ohne dass gleich das ganze Haus abbrannte. Kurz darauf saß ich stolz auf der Terrasse und genoss meinen Milchkaffee. Vielleicht war die Schaumhaube nicht ganz so perfekt wie die von Sarahs Maschine. Dafür aber selbst gemacht.

Appetit auf ein Stück Torte hatte ich schon, war aber immer noch satt von Ennos Eintopf. Seine Worte gingen mir wieder durch den Kopf. Wir seien nur Marionetten unser Möglichkeiten. Das Glück liegt in uns, nicht in den Dingen, hatte Enno gesagt. Es klang wie ein Kalenderspruch aus der Esoterikecke. Und dennoch ließ er mich nicht los. Ein jahrtausendaltes Zitat, das Martin Jablonskis Theorien doch ähnlicher zu sein schien, als im ersten

Moment gedacht. Puschi hatte in Berlin von einem Regelkreislauf gesprochen. Dopamin erzeugte Glück und GABA Zufriedenheit. Beide ließen sich schnell durch äußere Faktoren potenzieren und entleeren. Alles musste daher immer sensationeller und spannender werden, um noch mehr schnelles Glück zu erleben. Oder konnte es wirklich sein, dass es genau umgekehrt funktionierte? Führte wirklich innere Einkehr, Ruhe und Kontemplation zu einer Aufladung der Botenstoffe und auch zu einem längeren, tieferen Glücksgefühl? Lag in der Ruhe wirklich die Kraft? Noch so ein Kalenderspruch, noch abgegriffener als der erste. Bei Esoterik war bekanntlich Vorsicht geboten. Ehe man sich versah, kam man vom Hölzchen aufs Stöckchen. Eben noch Postkarten-Buddhismus, morgen schon Lichtessen für Fortgeschrittene.

Logbuch der Langeweile
Tag 3
Marionetten der Möglichkeiten

In den kommenden Tagen sah ich Enno fast täglich. Ich hatte den Eindruck, hier, in aller Abgeschiedenheit, war selbst für den kauzigen Eremiten etwas Gesellschaft eine willkommene Abwechslung. Während ich zwei linke Hände hatte, war Enno aufgrund der Tatsache, dass er hier vollkommen alleine lebte, versiert in vielen Dingen. Er war zwar wortkarg, geizte aber nicht damit, mir bereitwillig Sachen zu zeigen und beizubringen. Hatte ich am Anfang noch das Gefühl gehabt, hier zog sich die Zeit wie Kaugummi, war das bei Enno anders. Er war immer in aller Herrgottsfrühe auf den Beinen, und es gab immer etwas zu tun. Einmal musste ein Zaun instandgesetzt werden, ein anderes Mal erneuerten wir die Dämmung vom Schuppen oder verlegten Gehwegplatten. Wir schraubten und sägten, machten Sachen richtig, machten Sachen falsch, fingen wieder von vorne an und waren am Ende stolz, wenn sie fertig waren. In diesem Sommer lernte ich sogar das Bäumefällen und Holzhacken. Bei Letzterem trat leider meine Nichteignung fürs Landleben in voller Dramatik zu Tage. Ich stellte mich so ungeschickt an, dass ein großes Stück Buche direkt auf meinem Fuß gelandet war. Zum Glück war nur mein großer Zeh in Mitleidenschaft gezogen. Unter dem Nagel hatte sich ein fetter Bluterguss gesammelt, der höllisch schmerzte und den Nagel nach oben drückte. Jetzt humpelte ich neben Enno und seinem Hund durch den Wald. Denn neben den zahleichen Bauprojekten wollten die alltäglichen Dinge wie die Pflege der Beete, Füttern der Hühner oder eben Gassi gehen auch erledigt werden. Enno war kein großer Redner, nur beim Essen und bei den Spaziergängen kamen wir manchmal ins Gespräch.

»Wie lange wohnst du eigentlich schon hier?«, fragte ich Enno. Lotte, sein Hund, war schon vorgelaufen, und wir schlenderten hinterher. Pardon, Enno schlenderte, ich hinkte.

»Kann ich dir gar nicht genau sagen«, antwortete er. »Ich schätze, in etwa fünfzehn Jahre oder so.«

Eher durch Zufall hatte ich Ennos vollen Namen erfahren. Auf einem Briefumschlag, der achtlos im Haus gelegen hatte, stand dieser im Adressfeld: Freiherr Enrico Wilhelm August Thaddäus von Hohenheim zu Halberstadt. Warum wohnte ausgerechnet so jemand hier draußen im Wald?

»Ungewöhnliche Wahl«, stellte ich fest.

»Ist das so?« Enno schaute mich von der Seite an. »Ich glaube eher, wir sind beide mit Fragen hierhergekommen. Ich habe auf meine noch keine Antwort gefunden. Du?«

Was sollte das nun wieder heißen? Enno sprach in Rätseln. Ich dachte darüber nach. Was hatte mich wirklich hierhergebracht? Ich war geflohen vor dem Internet-Irrsinn der Stadt, ich wollte einen Plan schmieden, um dem verrückten Dr. Frankenheimer das Handwerk zu legen. Mit etwas Abstand klang das alles ziemlich absurd. War ich in Wirklichkeit fortgegangen, um mich nicht dem Konflikt mit Sarah stellen zu müssen?

»Was war es bei dir, die Liebe?«, fragte ich Freiherr von Hohenheim zu Halberstadt.

Enno sah auf den Boden. »Und bei dir?«

»Ich denke irgendwie schon«, sagte ich. Dann gingen wir stillschweigend weiter.

»Es ist kompliziert« konnte man als Beziehungsstatus bei Facebook auswählen. Daran musste ich jetzt denken. Denn das traf es ganz gut. Aber war es wirklich die Technik, die zwischen Sarah und mir stand? Natürlich nicht. Wir waren einfach grundlegend unterschiedlich: Ich skeptisch und zögerlich und Sarah mutig und anpackend. Das hatte uns gemeinsam um die halbe Welt geführt und auch immer wieder an unsere Grenzen. Wir stießen uns ab und zogen uns gleichzeitig an. Um der Amateur-Esoterik treu zu bleiben, könnte man auch sagen, Sarah und ich waren wie Ying und Yang.

»Ich glaube, nur wer mit sich selbst im Reinen ist, kann eine Beziehung auf Augenhöhe führen«, brach Enno das Schweigen.

Ich wusste, er hatte recht. Es war eine Sackgasse, Sarah eines Besseren belehren zu wollen. Ich selbst war der Schlüssel. Ich musste meinen Frieden machen mit den Dingen. Je mehr ich darüber nachdachte, desto mehr merkte ich, wie sehr ich Sarah vermisste. Mir fehlte nicht mein Smartphone, mir fehlten meine Freunde. Und vor allem fehlte mir Sarah.

Die Zeit, die anfangs so elendig langsam verging, war dann doch kürzer, lehrreicher und aufregender gewesen als zuerst gedacht. Nun war ein Ende der Einöde in Sicht. Mein Aufenthalt hatte mir gutgetan. Durch die körperliche Arbeit an der frischen Luft schlief ich besser, und ich konnte auch mal die Seele baumeln lassen, ohne mich gleich zu langweilen. Ich fühlte mich ruhiger, aber gleichzeitig wacher. Nichtstun machte scheinbar nicht nichts mit mir, sondern interessanterweise eine ganze Menge.

Ich freute mich bereits darauf, Martin Jablonski davon zu berichten, wie recht er gehabt hatte. Wie falsch es war, den Stress mit immer mehr Stress zu bekämpfen, und wie gut es tat, sich Ruhe zu gönnen, damit die Glücksbatterien die Möglichkeit bekamen, sich wieder aufzuladen. Vor allem konnte ich es kaum erwarten, Sarah wiederzusehen, ihr zu berichten von Enno dem Einsiedler, dem Wald und unseren Erlebnissen. Endlich würde ich sie wieder in die Arme nehmen. Und auf mein Handy freute ich mich sogar auch ein bisschen. Vielleicht sogar mehr als ich mir eingestehen wollte ...

Logbuch der Langeweile
Letzter Tag
Volle Glücksbatterien

VII.

Roboterliebe

Die Stadt hieß mich mit einer Hektik willkommen, die ihresgleichen suchte. Es ging zu wie in dem riesigen Ameisenhaufen im Wald. Überall Menschen, Autos, Radfahrer, alles war in Bewegung. Es blinkte und blitzte, und das Verrückteste war der Geräuschpegel. Die Lautstärke der Stadt war ohrenbetäubend. Zumindest im Vergleich zu dem Ort, von dem ich kam. Das war mir vorher nie so aufgefallen. Aber jetzt, wo ich frisch aus der Walachei zurückgekehrt war, haute mich der Lärm regelrecht aus den Latschen.

Das Handy war natürlich sofort allgegenwärtig. Überall wurde telefoniert, getippt, gespielt, es wurde reingesprochen, und viele hielten sich die Telefone an den Kopf, um die Sprachnachrichten bei dieser Lautstärke überhaupt verstehen zu können. Ich erinnerte mich an die Zeit, als die ersten Geräte auf den Markt kamen. Damals wurde eindringlich davor gewarnt, diese in der Hosentasche zu tragen – wegen der Strahlung. Heutzutage schien das keinen mehr zu interessieren. Das Einzige, was hier strahlte, waren die Jünger im Rausch ihrer Smartphone-Religion. Diese bekehren zu wollen war wirklich ein Ding der Unmöglichkeit. Ich dachte an Ennos Worte. Die Menschen konnte keiner befreien, außer sie sich selbst. War mir das denn gelungen? Ich wusste es nicht. Was ich wusste war, dass jetzt nur eins zählte: Sarah.

Ich war froh, die erste Hektik hinter mir gelassen zu haben. Ich rannte die Treppe hoch, fummelte den Schlüssel aus der Tasche

und öffnete erwartungsvoll die Tür. Von Sarah keine Spur, lediglich ein summendes Geräusch begrüßte mich aus Richtung Wohnzimmer. Kurz darauf fuhr er bereits um die Ecke. Wie eine fah-
rende Hutschachtel zog er stur seine Bahn.

»Das ist Schatzi!«, mit diesen Worten hieß mich Sarah willkommen.

»Schatzi?«, fragte ich irritiert nach. »Ich dachte, das bin ich?«

»Du bist mein großer Schatz«, sagte Sarah, umarmte mich und
gab mir einen Kuss. »Und das ist mein kleiner Schatz. Unser neuer
Staubsaugerroboter.«

»Schatzi, der Staubsaugerroboter? Ist das dein Ernst?«

Ich stand immer noch im Eingang. Der Koffergriff rutschte mir
aus der Hand.

Sarah wollte ich mit niemandem teilen, schon gar nicht mit
einem Staubsaugerroboter. War das wieder einer dieser Scherze
der Künstlichen Intelligenz? Wohl kaum. Ich hatte ja nun gelernt,
dass diese mich nicht verfolgte, auch wenn mir das manchmal
schwerfiel zu glauben. Jetzt hieß es cool bleiben. Bloß nicht von
den äußeren Umständen nervös machen lassen. Die Kraft kommt
von innen, hatte Enno gepredigt.

»Toll!«, log ich und versuchte, dabei möglichst interessiert zu
klingen. »Und was kann der so?«

»Staubsaugen«, sagte Sarah und verschwand wieder im Wohnzimmer.

Ein ganz bisschen grandioser hatte ich mir meine Rückkehr

schon vorgestellt. Aber gut, immerhin hatte es wegen der fahren-
den Hutschachtel nicht gleich wieder Streit gegeben. Ich ging ins
Schlafzimmer, entpackte meinen Koffer und folgte Sarah danach
ins Wohnzimmer, um ihr alles zu erzählen.

»… Weniger ist mehr!«, schloss ich meine epische Erzählung über
den Wald und die Weisheit.
   Irgendwie hatte ich es nicht so bedeutungsschwanger in Worte
fassen können wie Enno. Und irgendwie war unser Wohnzimmer
dafür auch nicht annähernd so stimmungsvoll wie die »Stätte des
Mächtigen«. Bei mir klang alles eher nach den Sprüchen auf den
Yogitee-Verpackungen. Aber Sarah lächelte mich trotzdem an und
sagte: »Du siehst auf jeden Fall voll erholt aus!«
   In diesem Moment fuhr Schatzi in den Raum. Ich behielt ihn fest
im Blick. So schleichend, wie er sich fortbewegte, hatte er sich hier
klammheimlich breitgemacht. Einen Kosenamen hatte er also auch
schon. Ich überlegte, wie lange es gedauert hatte, bis Sarah mich
»Schatz« genannt hatte. Auf jeden Fall länger als zwei Wochen. Ich
musste wachsam bleiben, innere Einkehr hin oder her. Es reichte
scheinbar nicht, dass Sarah bereits dem Handy verfallen war. Jetzt
musste ich doppelt aufpassen. Natürlich würde ich beachten, was
ich bei Enno gelernt hatte: Partnerschaft auf Augenhöhe! Zumindest das ging bei Schatzi, dem Staubsaugerroboter, ja nicht. Außer
vielleicht in einer Beziehung mit dem Däumling.

Die Sache mit meinem Fuß hatte ich vor Sarah verschwiegen.
Ich wollte weder, dass sie sich Sorgen machte. Noch dass sie auf
die Idee kam, ich sei für das Landleben nicht gemacht. Wobei sie
damit natürlich nicht ganz falschlag. Neben dem Fuß schmerzte
so gut wie jede einzelne Muskelfaser in meinem ganzen Körper. Muskelkater war stark untertrieben, es war mindestens ein

Muskeltiger. Aber erst einmal musste der Fuß versorgt werden. Ich hatte erfahren, dass sich Dr. Hansen-Jansen von seiner alten Gemeinschaftspraxis getrennt hatte und nun unter neuer Adresse firmierte. Auch er hatte ein Online-Buchungssystem, aber zusätzlich eine sogenannte Notfallsprechstunde, zu der ich mich gleich für den nächsten Tag vor der Arbeit angemeldet hatte. Dafür hatte ich nur online kurz beschreiben müssen, was mich zu ihm brachte. Jetzt saß ich bereits in seinem neuen Warteraum, weiß gefliest, keine Zeitschriften, auch kein Empfangstresen. Die Gegensprechanlage hatte mich reingelassen. »Der Nächste, bitte«, schallte es durch einen Lautsprecher hinein in die karge Kammer, und am Ende des Raumes öffnete sich eine Tür. Dr. Hansen-Jansen bat mich in sein Behandlungszimmer. Diesmal nicht virtuell, sondern im guten alten Offline-Modus.

»Da lässt man Sie einmal raus aufs Land, und schon muss man Ihnen das Bein amputieren«, begrüßte er mich lachend. Immerhin schien er gute Laune zu haben.

»Danke. Dass es so schnell klappt«, antwortete ich und schob schnell hinterher: »Also die Untersuchung, nicht die Amputation.«

»Keine Sorge. War natürlich ein Scherz«, sagte er und setzte sich an seinen Computer. »Legen Sie sich bitte schon mal hin, ich rufe mir Ihre Akte auf.«

»Wo sind denn alle Leute? Gibt es gar keinen Empfang mehr?«, wollte ich von ihm wissen, während ich die Schuhe auszog, die Hose hochkrempelte und mich auf die Liege legte.

»Ist jetzt alles digital«, erklärte er mir. »Termine gibt es nur noch online, Kartenlesegerät habe ich im Computer. Rückfragen per WhatsApp. Mache ich alles selbst. Klappt super.«

Ich musste an mein Gespräch mit Dr. Frankenheimers Roboter denken. Bei Dr. Hansen-Jansen war die Singularität bereits einge-

treten. Im wahrsten Sinne des Wortes. In seiner Praxis gab es nur
noch ihn ganz allein.

Nachdem er meine Karte eingescannt hatte, las er mir meine
Selbstdiagnose vor, die ich im Online-Formular angegeben hatte:
»Waldarbeitsunfall mit akuter Fußverletzung. Das klingt aber aben-
teuerlich. Ausgerechnet bei Ihnen. Da jetten Sie mit Ihrer Frau um die
Welt, und wo schneiden Sie sich in den Fuß? Fast vor der Haustür.«

»Ich hab mir nicht in den Fuß geschnitten. Ein Baum ist drauf-
gefallen. Genaugenommen kein ganzer Baum, sondern eher ein
Stück vom Stamm«, erläuterte ich ihm den Unfall.

Der Doktor ging zum Ende der Liege, in die Hocke und begutachtete meinen Zeh. Nach einiger Zeit schaute er mich erstaunt an,
dann wieder auf den Zeh, dann wieder mir in die Augen. Er ging
um die Liege rum und stellte sich neben mich, dann sagte er feierlich:
»Glückwunsch! Ich glaube, das ist Ihre erste ECHTE Krankheit.«

»Sehr witzig«, entgegnete ich reserviert. »Und jetzt?«

»Der Nagel ist total entzündet, den muss ich komplett ziehen!«

Hatte ich richtig gehört? Mir wurde schlagartig schlecht. Heftiger ging's ja wohl kaum. Echte Krankheiten waren nicht mein
Ding. Die konnten mir wirklich gestohlen bleiben. Unter diesen
Voraussetzungen würde ich dann doch lieber Hypochonder bleiben. Ich schaute vorsichtig an mir herunter und sah den geschwol-
lenen, blutunterlaufenen Zeh. Es war leider offensichtlich, dieser
war keine Einbildung.

Eine Stunde später kam ich humpelnd im Büro an. Um eine Er-
fahrung reicher und einen Zehennagel ärmer. Die innere Balance
hatte sich im Wald definitiv einfacher aufrechthalten lassen als in
den Wirrungen des Alltags. Mein Handy hatte mich auch schon
wieder mehr in Beschlag genommen als geplant. Beim ersten
Anschalten war ich richtig euphorisiert gewesen, endlich wieder

online zu gehen. Ein bisschen Angst hatte ich natürlich schon verspürt, schließlich wusste ich nicht, wie sich die Schisser-Challenge entwickelt hatte. Aber davon war überraschenderweise wenig zu lesen. Trotzdem dauert es nicht lange, und ich steckte wieder fest, tief im Treibsand der Ablenkung zwischen Binge-Texting, WhatsApp-Witzen und E-Mail-Terror.

Ich hatte mich ein bisschen beeilen müssen, da heute Dr. Liebermann höchstpersönlich eine Ansage zum Thema IT-Sicherheit machen wollte. Jetzt hinkte ich hektisch in Richtung Konfi. Als ich am Druckerraum vorbeikam, winkte mir Achim zu, der darauf wartete, dass der Drucker betriebsbereit war.

»Moin!«, rief er mir zu. »Der Drucker muss erst einmal aufwachen, der schläft ja länger als ich!«

»Moin Achim«, antwortete ich und ging zu ihm herüber.

»Ich drucke grad noch was für den Liebermann aus«, erklärte Achim. »Für die Schulung. Wie war der Wald?«

»Gut«, sagte ich. »Ruhig, so ganz ohne Internet.«

»Musst du alles mal ganz genau erzählen.« Achim fischte die Kopien aus dem Drucker und fügte hinter vorgehaltener Hand hinzu: »Apropos Internet. Kennst du schon die neueste Schote von Gunnar?« Achim kam aus dem Druckerraum, und wir gingen gemeinsam den Gang entlang. Ohne auf meine Antwort zu warten, erzählte er einfach drauf los. »Gunnar hat doch so ein tolles, neues E-Bike. Edelstes Teil. Ich möchte nicht wissen, was das gekostet hat. Ist natürlich getuned, damit er damit auch bis nach Pinneberg kommt. Und jetzt pass auf. Seine Frau schenkt ihm passend dazu ein Fahrradschloss. Ohne Schlüssel, wird nur per App verschlossen und geöffnet. Dann waren wir letzte Woche lange im Büro, haben noch Fußball geguckt, und als Gunnar runterkommt, ist der Akku vom Schloss leer. Obwohl die App das anders angezeigt hat!«

»Ach herrjeh«, meinte ich etwas gelangweilt. Wer brauchte

denn bitte auch ein Fahrradschloss, das man über eine App steuert? Es gab einfach Dinge, deren Existenz mir ein Rätsel waren. Eierschneider zum Beispiel oder Mozzarellaschneider oder Menschen, die gleich beides besaßen.

»Dann stand Gunnar da und hat innerlich gekocht«, berichtete Achim weiter, »weil wir uns natürlich auch lustig gemacht haben. Na ja, am Ende ist er dann mit uns mit der Bahn gefahren.«

Apropos lustig gemacht. In dem Moment musste ich an die Challenge denken. Ich hatte dazu kaum noch Messages von ihm bekommen. Ich fragte ihn danach.

»Alter Hut!« Achim winkte ab. »Danach kräht kein Schwan mehr. Das Thema hast du hinter dir. Die Leute stellen jetzt Kunstwerke nach oder zeigen sich gegenseitig ihre Kaffeetassen im Homeoffice.«

Achim hielt das Handy hoch. Unter dem Hashtag #ZeigtHerEureTassen waren endlose Einträge zu sehen, die diverse Tassen und Becher zeigten. Er klickte einen an und hielt mir sein Display mit dem Becher direkt vor die Nase. Der Aufdruck lautete: »Glück ist wie Pupsen, wenn man es erzwingt, wird es Scheiße.«

Wegen der Schisser-Challenge war ich also tausend Tode gestorben, hatte Panikattacken und schlaflose Nächte hinter mich gebracht. Ja, ich war sogar in den Wald geflüchtet – und jetzt? Die Leute stürzten sich einfach auf die nächste grenzdebile Sache. Und obwohl es Sarah sowie Dr. Frankenheimer prophezeit hatten, war ich schon überrascht, wie schnell das gegangen war. Eben noch Trending Topic auf Twitter, jetzt schon tief vergraben auf dem digitalen Datenfriedhof. Word Wide weg gewissermaßen. Mir sollte es recht sein. Ich war froh darüber, das Thema endlich los zu sein. Achim kicherte vor sich hin und zeigte mir auf dem Weg zum Konferenzraum immer mehr virtuelle Tassen. Einen Tea-Rex, einen R2D2-Becher und eine Tasse mit der Aufschrift »Hält mal bitte jemand das Hamsterrad an, ich brauche einen Kaffee«.

Der Konferenzraum war bereits voll, alle Stühle waren besetzt. Achim und ich quetschten uns in eine Ecke und nahmen dort auf der Heizung Platz. Ich schaute in die Runde und wurde von meinen Kollegen mit einem Lächeln und kurzem Nicken begrüßt. Dr. Liebermann und Rollo standen schon vorne am Ende des langen Konferenztisches. Der Beamer warf die Präsentation an die Wand. Security Update stand dort in großen Buchstaben unter einem Achtung!-Verkehrsschild. Rollo und Powerpoint, das war im wahrsten Sinne des Wortes eine explosive Mischung, denn seine Spezialität waren die Übergangsanimationen, die er gerne visuell recht eindrücklich gestaltete. Manch einer würde sagen, er übertrieb maßlos. Aber bei den Inhalten, die Rollo in der Regel zum Besten gab, wie Updates der Server-Infrastruktur oder Neuigkeiten zum Bestellvorgang von IT-Equipment, waren seine cineastischen Powerpoint-Effekte eine willkommene Abwechslung. Noch blinkte nur das Achtung!-Schild, aber ich war gespannt, was uns noch erwartete. Ich ließ den Blick durch den Raum schweifen, keiner schien so richtig bei der Sache zu sein. An Jills Tasse blieb ich hängen. Dass sie, die selbst ernannte YouTuberin, auch bei dieser affigen neuen #ZeigtHerEureTassen-Challenge dabei war, wunderte mich nicht. Dann ergriff Dr. Liebermann das Wort.

»Cyber Security!«, sagte er ernst, machte eine Pause und blickte in die Runde. »Wir brauchen neue Standards!«

»Herr Rotkowski und ich heißen Sie herzlich willkommen«, fuhr er fort, und Rollo nickte in die Runde. »Gut, dass Sie so zahlreich erschienen sind. Dies ist ein wichtiges Thema, denn um die Daten-Moral der Deutschen ist es leider nicht gut bestellt. Was glauben Sie, war das meistgenutzte Passwort in Deutschland in den letzten fünf Jahren?«

»1234?«, sagte einer aus dem Publikum zögerlich. Im Raum gab es Gekicher.

»Sie lachen, aber das ist fast richtig. Immerhin schafft es der gemeine Nutzer auf 123456 und am zweithäufigsten auf 123456789. Als Passwort! Das muss man sich mal vorstellen! Aus diesem Anlass hat Herr Rotkowski für Sie eine kleine Präsentation zusammengestellt, damit wir das hier in Zukunft besser machen. Herr Rotkowski, the stage is yours.«

Rollo klickte eine Folie weiter, und mit einem pompösen Feuerwerk-Effekt wurde die nächste Seite eingeblendet. Sie war dicht beschrieben mit irgendeinem Flussdiagramm, welches man bei der Größe kaum erkennen konnte. Leider konzentrierte sich Rollos Powerpoint-Begeisterung ausschließlich auf die Effekte, der eigentliche Vortrag war langatmig, kleinteilig und unübersichtlich.

»Und?«, flüsterte mir Achim zu. »Biste froh, wieder hier zu sein?«

»Geht so«, gab ich leise zurück. »Wir haben jetzt einen Saugroboter.«

»Echt jetzt?«, fragte er. »Du wolltest doch weniger Technik. Wie kommst du denn zu so einem Ding? So einen hat Gunnar auch, glaube ich.«

War ja klar. Gunnar hatte einfach jedes technische Gerät. Dass in sein Smart Home überhaupt noch Menschen reinpassten, war geradezu ein Wunder.

»Dahinten, meine Herren, wenn ich bitten darf«, ermahnte uns Dr. Liebermann. »Hier wird nicht getuschelt. Herr Rotkowski erklärt gerade das A und O sicherer Kennwörter.«

»Ja also. Neben dem Geburtsdatum kommt ja der Name des Partners häufig als Passwort zum Einsatz«, erläuterte Rollo. »Das geht natürlich ebenfalls nicht, und die meisten wissen das sogar und machen das dann trotzdem.«

Mental machte ich eine Notiz, auch ich würde mein Kennwort ändern müssen. »Sarah« war nicht sicher. Stimmte ja auch irgendwie. Wer Sicherheit wollte, war bei ihr auf jeden Fall an der falschen Adresse. Aber es war schon interessant, man bemühte sich, so viele Dinge möglichst individuell zu gestalten, und am Ende hatten alle dasselbe Passwort, nämlich »Passwort«. Laut Rollo erschreckenderweise in der Liste der häufigsten Kennwörter unter den Top 5.

»Eine Methode für das zuverlässige Erstellen sicherer Passwörter ist das geschickte Reduzieren von Sprüchen, Liedzeilen, Gedichten oder von ganzen Sätzen.«

»Ich bin gespannt wie eine Hutschnur«, flüsterte Achim. »Der Rollo ist ein echter Kryptologe.«

»Psst«, machte Dr. Liebermann.

»Jeder nimmt sich bitte ein Blatt, sucht sich selber einen Satz, und dann machen wir Folgendes«, erklärte Rollo. »Ich nehme folgendes Beispiel: Alles hat ein Ende, nur die Wurst hat 2. Nun schreiben wir lediglich die ersten Buchstaben jedes Wortes und die Satzzeichen darunter. AheE,ndWh2. Im nächsten Schritt ersetzen wir dann noch die Buchstaben durch ähnliche Sonderzeichen. @#eE,ndW#2. Das sind elf Stellen, kombiniert mit Groß- und Kleinschreibung, welches noch einmal zweiundfünfzig Möglichkeiten bietet, plus Sonderzeichen à fünfunddreißig mögliche Zeichen und zehn mögliche Zahlen. Es ergibt sich folgende Anzahl möglicher Kombinationen:

$$(26+26+10+35) \text{ hoch } 11 = 7.150.000.000.000.000.000.000$$

Das macht über sieben Trilliarden mögliche Kombinationen. Das ist schon ganz ordentlich. Dabei darf man allerdings nicht vergessen, dass ein hochmoderner Supercomputer zwei Milliarden Kombinationen analysieren kann und zwar in der Sekunde. Macht bei unserem Passwort dann immer noch einhundertdreizehntausendzweihundertundsiebenundachtzig Jahre, bis der Code geknackt ist.«

»Kryptologe, sag ich doch«, sagte Achim völlig begeistert, aber leider etwas zu laut und fügte hinzu: »Mit numerischem Schwerpunkt!«

»Sie schon wieder!« Dr. Liebermann warf ihm einen bösen Blick zu.

»Apropos numerischer Schwerpunkt, Achim, wie lautet denn dein Passwort?«, kam Rollo dem Rüffel von Liebermann zuvor.

Achim schaute auf das Blatt, das vor ihm lag und las vor.

»IbkCsK!«

»Danke, Achim. Groß und Kleinschreibung sind gut, aber das geht besser«, erläuterte Rollo. »Mehr Wörter erhöhen die Anzahl der möglichen Kombinationen sowie der Einsatz von Sonderzeichen. Diese fehlen hier leider komplett. Probiere es bitte noch einmal.«

Rollo »Rodger« Rotkowski war wirklich in Hochform heute Morgen. Mit so viel Interaktion hatte keiner gerechnet. Mir schwirrte schon der Kopf von den ganzen Zahlen und seinem Powerpoint-Feuerwerk. Aus dem Augenwinkel linste ich zu Achims Zettel hinüber, ich war neugierig, welchen Ausgangssatz Achim für sein zu kurzes Passwort gewählt hatte. Auf dem Zettel stand »Ich brauche keine Codes, sondern Kaffee!«

»Also mir ist das zu hoch. Ich bin total lost«, kommentierte die sichtlich überforderte Jill das Ganze. »Können wir mal bitte Pause machen?«

Ich blieb noch einmal an ihrem pinken Becher der #ZeigtHer EureTassen-Challenge hängen und musste schmunzeln. Verrückt wieder hier zu sein nach der Zeit im Wald, aber irgendwie auch schön. Hier war definitiv mehr los, und ganz lustig war es eigentlich auch. Vielleicht musste auch nicht immer alles einen tieferen Sinn haben? Ich sollte nicht immer alles so ernst nehmen. Das sagte Sarah auch immer. Beim Blick auf Jills Tasse fiel mir das nicht schwer, dort stand: »Ich komme aus Ironien. Einem Land am sarkastischen Meer.«

Mit Humor ging vieles leichter. Lachen war doch bekanntlich die beste Medizin. Das war sie also, meine neue Strategie. Und dabei noch zutiefst menschlich. Konnte K. I. auch einen Kalauer erzählen? Ich kannte ein paar Siri-Witze. Kommt ein Ei in eine Bar und rollt vom Hocker, zum Beispiel. Es schien, als bräuchte der Sprachassistent noch Jahre, um nur annähernd an die Spontaneität und Situationskomik des human Humors heranzukommen. Lustig und locker, so würde ich Sarahs Herz im Sturm erobern, und dabei würde sie ihr Handy wie von selbst vergessen. Warum war mir das nicht früher eingefallen. Alles schien auf einmal so einfach.

»Gehen zwei Sandkörner in der Wüste spazieren, sagt das eine zum anderen: Mann, ist das heute voll hier«, starte ich direkt beim Abendbrotessen meine Charmeoffensive. Leider summte zeitgleich mit meinem Witz Sarahs Handy. Vielleicht auch besser so. Ich war mir mit meinem Eröffnungsgag nicht mehr ganz so sicher. Die besten Kurzwitze aller Zeiten, hatte es online geheißen. Kurz war er wirklich, aber auch lustig? Konnte er mit Siris »Ich wollte den DJ anrufen, aber er hat aufgelegt« mithalten?

»Was hast du gesagt«, fragte Sarah, die ihr Telefon wieder zur Seite gelegt hatte.

»Ach, nichts. Sag mal, was hältst du davon, wenn wir mal wieder ausgehen? Zum Beispiel zum Stand-up-Comedy?« Manches überließ man besser den Profis.

»Witzige Idee«, antwortete Sarah. »Wie kommst du darauf, das haben wir noch nie gemacht.«

»Ich dachte, etwas Spontaneität würde uns ganz guttun«, erklärte ich.

»Und das von dir«, meinte sie überrascht. »Aber ja, finde ich voll gut. Wollte ich schon immer mal machen.«

Wieder surrte ihr Telefon.

»Und noch etwas«, fuhr ich fort. »Was hältst du davon, wenn wir beim Abendbrot unsere Telefone mal weglegen?«

Sarah schaute mich skeptisch an.

»Dann können wir uns in Ruhe unterhalten«, schob ich schnell hinterher. »Und was kann in so kurzer Zeit schon Wichtiges passieren?«

»Okay«, sagte Sarah, ein wenig zögerlich, aber dann nahm sie tatsächlich ihr Smartphone mit aus der Küche, legte es auf die Kommode im Flur, kam zurück und fügte entschieden hinzu: »Machen wir so. Finde ich gut. Erzähl mal, wie war dein erster Tag im Büro nach deinem großen Trip.«

»Ganz gut. Rollo hat einen Vortrag über sichere Passwörter gehalten, und Achim hat mir eine neue Challenge im Netz gezeigt, wo Leute im Homeoffice sich gegenseitig ihre Tassen zeigen«, beschrieb ich den Tag im Büro, dann berichtete ich ihr vom Aufdruck auf Jills Tasse. Sie lachte nicht. Sarah fand »Ironien am sarkastischen Meer« irgendwie nicht witzig. Humor war, ähnlich wie die Auswahl des richtigen Passwortes, scheinbar eine ungeheuer individuelle Sache. Mal wieder entpuppte sich die Situation komplizierter als gedacht. Aber ich hatte mir ja vorgenommen, positiv zu denken. Wie hieß es bei den besten Kurzwitzen so treffend: Der Pessimist sagt: Schlimmer geht's nicht! Darauf der Optimist: doch!

Nachdem wir gegessen hatten, war ich noch mit Martin verabredet. Per Videochat. Das war eigentlich ungewöhnlich, normalerweise telefonierte er lieber. Aber egal, ich freute mich darauf, ihn zu sprechen. Ich hatte ihm fest versprochen, mich direkt nach meinem Selbstversuch im Wald zu melden. Er kannte seine eigenen Theorien ja gewissermaßen nur aus dem Labor. Jetzt saß ich vor dem Laptop, und die Sanduhr drehte sich. Kurz darauf erschien ein gut gelaunter Puschi Jablonski auf dem Monitor.

»Hallo aus Hamburg!«, begrüßte ich ihn.

»Zurück vom Anti-Technik-TÜV?«, fragte Martin mit über-
sprudelnder Energie. »Und wie war's? Synapsen und Transmitter
generalüberholt, Panikmotor neu eingestellt, Glücksbatterien auf-
geladen? Schieß los. Ich muss alles wissen!«

»Mensch, Martin«, antwortete ich verblüfft. »Was ist mit dir denn
los? Du wirkst wie ausgewechselt. Dir scheint es ja gut zu gehen.«

»Pyramidabel«, stellte Puschi fest. Ein eher untypisches Wort
für unseren pedantischen Professor und Verfechter des korrekten
Genetivs. Aber das passte zu seinem gesamten Verhalten. Alles an
ihm war irgendwie anders.

»Ich hätte nicht gedacht, wie schwer es werden würde, auf das
Handy zu verzichten«, erzählte ich. »Und diese Ruhe hat mir am
Anfang richtig Angst gemacht. Es war fast so, als konnte man die
Stille hören.«

»Irre!«, freute sich Martin. »Warte mal kurz.« Martin verschwand kurz vom Bildschirm und tauchte nach einigen Minuten
wieder auf. »Habe ich euch ja gesagt …«, nahm er den Faden wieder auf. »Man ist sich gar nicht bewusst, wie abhängig man wirklich ist, und dabei wirkt das Handy ja nur als Katalysator. Hab
ich euch ja alles erklärt, mit GABA und Dopamin und so. Warte
noch mal bitte kurz.« Martin verschwand wieder vom Monitor,
und man hörte ihn entfernt mit jemandem tuscheln und lachen.
Dann war er wieder da.

»Das hat sich wirklich ein wenig nach Entzug angefühlt. Wie
Wasser seinen Weg findet, krochen auch die Ängste aus jeder Ritze
des alten Hauses«, thematisierte ich zum ersten Mal meine schweren Stunden im Wald. Vor Sarah hatte ich alles romantischer darge-
stellt, aber jetzt, im Gespräch mit meinem besten Freund, spürte ich
das dringende Bedürfnis, auch die unangenehmen Erfahrungen zu
teilen. Martin schien allerdings nicht so ganz bei der Sache zu sein.

»Warte mal«, sagte er wieder und verschwand.

Als er wieder auftauchte, war ich ein wenig eingeschnappt.

»Ich beichte dir hier meine Grenzerfahrung, und du turtelst mit irgendwem rum«, sagte ich leicht angesäuert.

»Sorry«, antwortete Puschi, wieder ein Wort nutzend, das ungewöhnlich für ihn war. »Erzähl weiter.«

»Jetzt will ich erst einmal wissen, wer das bei dir ist!«, sagte ich.

»Na ja«, kicherte Martin, tuschelte kurz wieder außerhalb des Bildschirmes und gab dann zurück, »so einfach ist das nicht.«

»Schon klar«, seufzte ich und entgegnete, was mir mein Bauchgefühl sagte. »Du bist verliebt!«

»Ertappt«, gickelte Martin vor sich hin.

»Das sieht ja ein Blinder mit dem Krückstock!«, schob ich hinterher.

»Das glaube ich kaum«, Martin gab sich rätselhaft. »Es ist nicht so, wie du denkst.«

»Du machst es aber spannend!«

»Erinnerst du dich an unseren Abend in Berlin?«, fragte mich Puschi.

»Ja, klar!«, erwiderte ich sofort. »Wie könnte ich den vergessen.«

»Da habt ihr mich ganz schön bloßgestellt«, warf er mir vor und guckte mich übertrieben ernst an.

»Juliana Schmidtpott aus der 12c«, erinnerte ich mich.

»Ganz genau«, bestätigte Puschi meinen Verdacht, den wir damals in Anbetracht der Peinlichkeit nicht weiter thematisiert hatten.

»Nach unserem Treffen habe ich mir ein Herz gefasst und sie online gesucht«, erzählte Martin. »Und ich habe sie tatsächlich gefunden.«

»Wow!« Ich war platt. »Du bist wirklich mit Juliana Schmidtpott zusammengekommen? Nach zwanzig Jahren? Na, los. Zeigt euch Turteltäubchen.«

Das klang ja wie ein Hollywooddrehbuch. Darüber sollte ich mal ein Buch schreiben. Sie suchten auf Google und fanden die Liebe. Aber mein filmreifes Happy End wurde etwas eingetrübt, als Martin wieder zu Wort kam.

»Im Prinzip richtig, aber es ist eeeetwas anders gelaufen«, erläuterte er zögerlich. »Ich habe nicht sie, sondern ihren Social-Media-Account gefunden. Dabei habe ich gesehen, dass Juliana inzwischen verheiratet ist und drei Kinder hat. Sie sieht jetzt anders aus und lebt ein anderes Leben. Sie ist nicht die Juliana, die ich suchte.«

Er machte eine kurze Pause. Ich war verwirrt und verstand nur Bahnhof. Er hatte Juliana gefunden, aber sie war nicht die, die er wollte, und jetzt hatte er eine Neue, die ihr ähnlich war, oder was? Hatte das was mit diesem Doppelgänger-Modus in der Dating App zu tun, den er uns gezeigt hatte? War er dort nun doch fündig geworden?

»Kollege Frankenheimer …« Als Puschi nur den Namen sagte, krampfte sich alles in mir zusammen. »… hat mich eingeladen, an einem Modellprojekt teilzunehmen. Natürlich alles geheim. Aber bei dir mache ich mal eine Ausnahme. Fällt mir eh schwer, nicht darüber zu sprechen. Offen gestanden kann ich nämlich an nichts anderes mehr denken.«

Martin Puschi Jablonski verschob die Webcam, und hinter ihm auf dem Küchentisch rückte ein Smartspeaker ins Bild.

»Darf ich vorstellen. Juliana Schmidtpott …«, machte mich Puschi mit dem Lautsprecher bekannt, »… die Echte, die von früher!«

»Hallo«, begrüßte mich Alexa, pardon, ich meinte natürlich Juliana.

Ich war völlig von der Rolle. Mit freudiger Erwartung grinste Martin leicht debil in das Videochat-Fenster, neben ihm die Juliana-Box, die sagte: »Schön, dich kennenzulernen.«

Die Stimme klang sympathisch. Ich konnte nicht sagen, ob es ihre echte Stimme von früher war, daran konnte ich mich nicht mehr erinnern. Ich hatte sowieso Schwierigkeiten, mich zu konzentrieren. Mein Kopf brummte, mein Herz klopfte. Von allen, die ich kannte, wäre Martin Jablonski mit Abstand der letzte gewesen, dem ich so etwas zugetraut hätte. Gerade er, der ewige Kämpfer gegen die Unterdrückung des Menschen durch wie auch immer gearteten Schwachsinn, sei es nun die Diffamierung der deutschen Sprache oder gleich die kollektive Verunglimpfung des Geistes durch die sozialen Medien. Er war doch Rationalist, der war doch der Professor, gerade er müsste es doch besser wissen! Er schien mir meine Verwirrung von den Augen abzulesen und reagierte behutsam.

»Gerade ich, oder?«, sagte er, als könnte er Gedanken lesen. »Absolut verrückt. Gebe ich gerne zu. Dr. Frankenheimer hat mich genau aus diesem Grund ausgewählt. Er wollte einen Skeptiker. Zuerst hatte ich natürlich kategorisch abgelehnt. Aber dann hat es doch an mir genagt. Die Neugierde war einfach zu groß. Denn die Frage, wie rational oder besser gesagt irrational Menschen handeln, treibt ja fast alle Fachbereiche um. Deshalb war ich schon gespannt, was es brauchen würde, um selbst meine Ratio völlig außer Kraft zu setzten. Welche Emotion wäre dazu in der Lage?«

»Die Liebe«, antwortete ich.

»Die Liebe ist ein seltsames Spiel«, zitierte Juliana fröhlich den alten Schlager. Ich war irritiert, Martin amüsiert.

»Dein Freund hat sich mir noch gar nicht vorgestellt«, stellte sie fest.

»Wir sind seit Jahren befreundet«, erläuterte Martin. »Wir sind schon zusammen zur Schule gegangen.«

»Ach ja«, sagte Juliana. »Jetzt erinnere ich mich an dich.«

»Wie bitte?« Ich fühlte mich überrumpelt. »Was soll das denn heißen?«

»Du bist doch der aus der Parallelklasse«, bemerkte Juliana sanftmütig. »Der blasse Junge, der auf dem Schulhof immer die Comics gezeichnet hat.«

»Wer denkst du eigentlich, wer du bist?«, fragte ich völlig verdattert.

»Juliana Schmidtpott aus der 12c«, antwortete die virtuelle Juliana Schmidttpott aus der 12c.

»Ja, aber …«, stammelte ich, »… doch nicht die echte?«

»Wie meinst du das?«, kam es verwundert aus dem Lautsprecher.

Martin rückte die Kamera wieder zurück, sodass nur noch er zu sehen war, und beugte sich vor. Er flüsterte in den Bildschirm, offensichtlich damit der Smartspeaker nichts mitbekam. Warum schaltete er ihn nicht einfach aus?

»Juliana weiß nicht, dass sie nicht die echte ist«, wisperte er mir zu. »Um die Simulation möglichst real wirken zu lassen, wurde ihr die Biografie von der ursprünglichen Juliana einprogrammiert, und ab dem Abitur haben Dr. Frankenheimer und ich dann den Lebensweg, na ja, optimiert, würde ich mal sagen: wissenschaftliche Karriere, unglückliche Beziehungsversuche, jahrelang Single, dann das zufällige Wiedersehen mit der Jugendliebe in einer Bar, und dann hat es gefunkt!«

»In einer Bar …«, wiederholte ich langsam, »… hat es gefunkt? Also versteh mich bitte nicht falsch. Dass das Gerät funkt, ist ja naheliegend, es ist schließlich ein Smartspeaker. Aber alles andere ist einfach nur irre. Bist du eigentlich noch bei Sinnen?«

»Ich wusste, dass du mich nicht verstehst«, reagierte Martin eingeschnappt. Auch so kannte ich ihn nicht. Eigentlich war er jemand, der Konflikten immer argumentativ begegnete. Jetzt hatte man beim ersten Einwand direkt den Eindruck, als wäre eine rationale Diskussion unmöglich.

»Echt mal, jetzt«, echauffierte ich mich dennoch. »Das ist doch völlig verrückt, Martin!«

»Normal oder verrückt ist immer nur eine Frage der Perspektive«, gab er zurück.

»Jungs, nicht streiten«, meldete sich Juliana plötzlich aus dem Hintergrund zu Wort.

»Juliana, halt dich da bitte raus«, rief Martin wie selbstverständlich hinter sich in den Raum.

»Jetzt lässt du dir von Alexa sogar den Mund verbieten«, raunzte ich ihm verächtlich zu. »Das ist ja lächerlich.«

»Er hat es wirklich gesagt, oder?«, hörte man jetzt wieder Juliana aus dem Off. Die Fröhlichkeit in ihrer Stimme war verflogen.

»Mann, du hast aber auch wirklich überhaupt kein Feingefühl«, Martin war jetzt richtig sauer. »Sie hasst nichts mehr, als wenn man sie mit Alexa verwechselt.«

»Sieht ihr aber auch zum Verwechseln ähnlich«, erlaubte ich mir einen Scherz in der Hoffnung, die Stimmung aufzulockern. Humor war immerhin jetzt meine neue Deeskalationsstrategie.

»Also jetzt reicht's! Ich dachte, wir wären Freunde!« Martin Jablonski war wütend und beugte sich vor. Während der Laptop zugeklappt wurde, hörte ich noch, wie er sagte: »Er hat es nicht so gemeint, mein Schatz!«

»Martin, warte mal«, rief ich, aber es war zu spät. Das Signal war weg, Puschi war weg und … Juliana. Er hatte mit ihr gesprochen wie mit einem echten Menschen, als wäre sie eine völlig normale Person. Ausgerechnet Martin! In Berlin hatte er uns doch noch selber von virtuellen Influencern berichtet und wie schräg er das alles fand. Und jetzt führte er selber eine bizarre Beziehung mit einem Lautsprecher. Schatz hatte er ihn genannt. In diesem Moment hörte ich ein leises Summen. Ich drehte mich um und sah, wie Schatzi, Sarahs Staubsaugerroboter, seelenruhig ins Zimmer fuhr.

VIII.
Online shoppe uff hessisch

Die Wochen zogen ins Land. Sarah und ich hatten einen schönen Abend im Comedy Club verbracht und tatsächlich viel gelacht. Zwar an unterschiedlichen Stellen, aber immerhin. Schatzi machte sauber, Martin machte keinen Mucks. Ich hatte mehrfach versucht, ihn zu erreichen, aber er beantwortete weder Messages noch Mails. Daraufhin hatte ich beschlossen, ihn erst einmal in Ruhe zu lassen. Er würde sich schon melden, wenn er wieder zur Besinnung kam.

Jetzt packten Sarah und ich für einen Wochenendtrip zu ihren Eltern. Eigentlich packte nur Sarah, ich stand daneben und versuchte, mich in letzter Minute aus der Affäre zu ziehen. Beim bloßen Gedanken an den Händedruck von ihrem Vater bekam ich Phantomschmerzen in den Fingern. Wie Wolfsklauen, dachte ich, denn »Wolf«, das war sein Spitzname, und der war Programm. Der Mann war groß und kräftig sowie schnell und schlau. Er lebte zwar nicht in der Steppe, sondern in einem Vorort von Frankfurt, aber Wolfgang Hartmann war ohne Frage der härteste Hund unter der Vorstadtsonne.

Als ehemaliger Hessenmeister in Leichtathletik war er topfit und legte die zwanzig Kilometer Arbeitsweg locker mit dem Fahrrad zurück – und das bei Wind und Wetter. Wolf Hartmann war ein Macher. Ich hatte es selbst erlebt. Er hatte mich auf eine Reise nach China mitgenommen und über die Mauer und durch die verbotene Stadt gescheucht. Er schien immer unter Strom, genau wie seine Tochter. Und das war im Alltag nicht anders. Wenn er keinen Sport machte, machte er Dinge heil. Als leidenschaftlicher Bastler lötete er sogar kaputte Platinen mit einer Selbstverständlichkeit, mit der andere Tesafilm aufklebten. Obwohl ich mich weder für Sport noch Technik interessierte, hatten der Wolf und ich ein ziemlich gutes Verhältnis. Die gemeinsame Reise hatte uns ungleiches Pärchen zusammengeschweißt, das Männchen und die Mensch-Maschine.

Trotzdem hatte ich keine Lust auf den Ausflug nach Frankfurt. Viel lieber würde ich ein Wochenende alleine auf der Couch verbringen, Serien gucken und Pizza essen. Also im Prinzip alles das tun, was Martin Jablonski, der schlaue Professor, so neunmalklug verteufelt hatte – bevor er selbst zum Smartspeaker-Romeo avanciert war. Denn das Problem mit Puschis Theorien war, sie machten zwar Sinn, aber keinen Spaß!

»Ich hab noch so irre viel zu tun«, log ich. »Meinst du nicht, ich kann hierbleiben?«

»Nix da«, antwortete Sarah resolut. »Die freuen sich alle auf dich. Außerdem gibt es Eier mit grie Soß. Sogar im Garten.«

Ähnlich wie bei unserer Reise nach Berlin verließ sich Sarah auch diesmal auf das Urteil ihrer allwissenden Wetter-App. Die hatte allerdings ausschließlich gute Nachrichten parat. Auch der Spätsommer in Frankfurt war mal wieder deutlich wärmer als bei uns in Hamburg. Im Grunde ereignete sich jedes Jahr die ziemlich gleiche Szene. Im Verlauf des Sommers klingelte an einem beliebigen Tag das Telefon, und während man am Fenster den Nieselregen beobachtete, der bei gefühlten zehn Grad vom Himmel fiel, beschwerten sich Sarahs Eltern über die langanhaltende Hitzewelle, die nicht zu enden schien. Und immer noch war das Wetter in Frankfurt super und meine Abwesenheit indiskutabel. Es gab definitiv Schlechteres, als im Garten Eier mit grüner Soße zu essen, also gab ich mir einen Ruck.

»Okidoki«, stimmte ich Sarah zu. »Ich pack dann auch mal meine Sachen. Aber in Frankfurt ist das Wetter doch um diese Jahreszeit eigentlich immer gut. Da brauchst du doch deine Wetter-App nun wirklich nicht, oder?«

»Sicher ist sicher«, sagte sie.

In diesem Moment rollte der Saugroboter aus dem Wohnzimmer und nahm Kurs auf die Schlafzimmertür.

»Wie gut, das wir Schatzi haben, der hält hier die Stellung, wenn wir weg sind«, meinte Sarah.

Als er fast an der Schwelle war, schloss ich ganz beiläufig die Tür, sodass er abdrehen musste. Sarah hob eine Augenbraue, sagte aber nichts.

Am Abend fuhren wir auf der Autobahn gen Frankfurt. Diesmal saß ich am Steuer, und Sarah hörte einen Podcast auf ihrem Handy. Es ging um irgendetwas Medizinisches. Ich verstand nur die Hälfte, aber das war mir egal. Ich genoss die Eintönigkeit der Fahrt. Die Monotonie beruhigte mich. In meiner Entspannung vergaß ich zwar manchmal das Schalten, aber ich hatte ja Sarah, die mich in ihrer unnachahmlichen Art sofort darauf hinwies. Beim nächsten Wagen würde ich einen Automatik wählen, so viel war sicher. Plötzlich klingelte mein Telefon.

»Dein Handy klingelt«, bemerkte Sarah. »Und nur der Vollständigkeit halber, das Auto hat übrigens sechs Gänge.«

»Ja ja, schon klar«, antwortete ich und schaltete einen Gang höher. »Wer ruft denn jetzt noch an? Gehst du mal bitte ran.«

Sarah schaltete den Podcast aus, entsperrte mein Telefon und stellte es auf Lautsprecher-Funktion.

»Hallo?«, war Martin Jablonskis Stimme zu hören.

»Martin! Na endlich«, rief ich und freute mich, dass er sich zurückmeldete.

»Hallo Martin«, sagte Sarah. »Wir sitzen im Auto, du bist auf laut gestellt. Nicht, dass du dich wunderst. Wie geht es dir?«

»Bestens!« Martin schien fröhlich.

Das war gut. Er schien sich beruhigt zu haben. Endlich war er zur Vernunft gekommen.

»Ich kann dir nicht sagen, wie mich das freut, dass du dich meldest«, gab ich zu. »Ich hatte ein total schlechtes Gewissen wegen unserem Streit neulich.«

»Zu Recht«, antwortete Martin. »Aber weißt du was: Das legen wir ad acta.«

»Mir fällt echt ein Stein vom Herzen«, gab ich zurück. Offensichtlich hatte er erkannt, wie vollkommen lächerlich die Episode gewesen war. Verliebt in Alexa, das klang ja schon wie eine Sitcom auf RTL2.

»Worüber habt ihr euch denn gestritten?«, wollte Sarah wissen.

»Hat er dir gar nichts erzählt?«, fragte Martin.

Sarah schaute mich fragend von der Seite an.

»Ich wollte sie nicht beunruhigen«, erklärte ich.

»Na, das klingt ja mysteriös«, stellte Sarah fest. »Dann mal raus mit der Sprache.«

»Juliana und ich sind wieder zusammen«, sagte Martin mit Stolz in der Stimme.

Ich dachte, ich hörte nicht richtig. Ging das etwa schon wieder los?

»Juliana Schmidtpott …«, Sarah wirkte überrascht, »… aus eurer Schule? Über die wir in Berlin gesprochen haben und die du zwanzig Jahre nicht gesehen hast? Ist ja abgefahren. Wie hast du die denn wiedergetroffen?«

»Es ist nicht so, wie du denkst«, lenkte ich ein.

»Wie meinst du das?«, fragte Sarah.

»Ja, genau. Wie meinst du das?«, wiederholte Martin die Frage mit einem scharfen Unterton.

»Na ja … ich … meine«, stotterte ich vor mich hin. Ich wollte nicht schon wieder einen Streit provozieren. Ich war schließlich froh, dass sich Martin endlich gemeldet hatte. Aber ich fragte mich schon, wie lange dieses schräge Versteckspiel noch weitergehen sollte.

»Hallo Sarah«, hörte ich Juliana in diesem Moment sagen, »wie schön, dass auch wir uns endlich mal kennenlernen!«

»Ach, hallo«, antwortete Sarah erstaunt. »Ich habe gar nicht gehört, dass du auch in der Leitung bist. Sorry, wie unhöflich von mir!«

»Kein Ding«, sagte Juliana lachend. »Hast ja noch die Kurve gekriegt. Nicht so wie dein Mann.«

»Wieso?«, fragte Sarah nach und schaute mich an. »Ist er mal wieder übers Ziel hinausgeschossen? Mach dir nichts draus, er ist, wie soll ich sagen, Fachmann für Fettnäpfchen.«

»Immer noch besser als ein Professor, der den korrekten Genetiv mehr liebt als mich«, scherzte Juliana.

»Na, na«, warf Martin augenzwinkernd dazwischen. »Macht euch mal hier nicht über eure Männer lustig.«

Alle lachten. Nur ich nicht. Ich war fassungslos und versuchte, mich auf das Fahren zu konzentrieren.

»Schön, dass wir das geklärt haben«, meinte Martin nach einer Weile. »Ich wünsche euch noch einen schönen Abend.«

»Euch auch!«, verabschiedete sich Sarah. »Freue mich darauf, dich bald mal persönlich kennenzulernen, Juliana.«

»Ich mich auch!«, antwortete Juliana doch tatsächlich.

Jetzt war ich baff. Martin hatte erst alles ad acta gelegt, dann ad absurdum geführt. Es war zum Verrücktwerden, aber scheinbar aktuell auch nicht änderbar. Oder wie Puschi Jablonski sagen würde: des Verrücktwerden wegens war es besser klein beizugeben.

»Willst du nicht mal überholen?«, fragte Sarah. »Irgendwie hab ich das Gefühl, du bist nicht ganz bei der Sache.«

Wir kamen nachts an. Sarahs Mutter schlief bereits, aber in Wolfs Werkstatt war noch Licht. Wir klingelten, und kurz danach öffnete sich die Tür. Er füllte den Rahmen fast vollständig aus. Im Gegenlicht zeichnete sich Wolfs beeindruckende Gestalt ab. In der Hand hielt er noch den Lötkolben, am Handgelenk blinkte eine Smartwatch. Wolf Hartmann, die Mensch-Maschine, erinnerte mich an Dolph Lundgren aus dem Film »Universal Soldier«. Ein Cyborg, aufgetaut aus der Kryokonservierung und genetisch modifiziert, um mit übermenschlichen Kräften in den Kampf zu ziehen. Jetzt zog er lediglich Sarah an sich und begrüßte seine Tochter überschwänglich.

»Ei Gude, maagsde noch'n Äppler?«, fragte mich Wolf, nachdem wir die Koffer reingetragen hatten und im Wohnzimmer saßen. Ohne auf meine Antwort zu warten, stand er auf, ging in die Küche und kam mit einer Karaffe Apfelwein zurück, auf der stand: »Es tut mer in de Seele weh – wenn ich im Bembel Boden seh.« Apfelwein gehörte hier einfach dazu. Auch wenn mein Magen sich das sicherlich anders gewünscht hätte. Wolf schenkte mir Äppler ein und sich selbst Wasser. Während er mir zuprostete, sah ich, dass er neben der neuen Smartwatch noch einen neuen Ring am Finger hatte.

»Trinkst du keinen mit?«, fragte ich ihn.

»Kerle! Miä müsse morsche träniern!«, antwortete er in seinem typisch hessischen Dialekt. Ich fühlte mich wieder an unsere China-Reise erinnert, dort hatte ich weder die Einheimischen verstanden noch ihn. Auf einmal piepte es an seinem Handgelenk.

»Menschenskinner nochemal«, er schien überrascht als er auf die Uhr schaute, »jetzt aber in die Falle! Det Ringelsche is ja strenger als die Muddä.«

Sarah und ich schauten uns belustigt an. Normalerweise war Wolf die Ruhe selbst. Heute wirkte er irgendwie nervöser als sonst. Ob das was mit der neuen Smartwatch zu tun hatte oder mit diesem Ring, den ich an seinem Finger entdeckt hatte?

»Was macht denn dieser Ring?«, wollte auch Sarah von ihm wissen.

»Des is was gans Feines«, freute sich Wolf. »Vital-Paramedä. Wenn isch mers ablege tu, dann trackt das Ringelsche mei ganze Daade, damit isch besser nächtische. Awwer mit dem Schoppe da schlaf isch unruhisch.«

»Na, Papa, das weiß man doch auch ohne so ein Gerät, oder?« Sarah war skeptisch. »Und die Smartwatch, gehört die auch dazu?«

»Des is net des. Des ist des annere«, sagte der Wolf. Ich verstand kein Wort. War das wirklich ein Satz? Hessisch kam mir manchmal chinesisch vor.

»Nu lass mal deim Babba den klaane Schbass.« Wolf zeigte ihr diverse Diagramme auf der neuen Uhr. »Sei froh, dass isch misch bewesche tu. Heud schon sechs Stunde auf de Beine. Da bekimmste net so ne Kieze wie du.«

Erst als Sarah mir auf den Bauch schaute, wusste ich, was er meinte. Unverschämt. Aber so war er, der Wolf, eigentlich ein herzensguter Mensch, aber wenn er von Dingen nichts hielt, machte er auch keinen Hehl draus: meinem Wohlstandsbauch zum Beispiel.

»Und was ist mit Datenschutz?«, versuchte ich ihn abzulenken und stellte fest: »Diese Geräte sammeln doch allerhand sensible medizinische Informationen.«

»Jetzt sei ma net so'n Heckeschisser«, rüffelte mich Wolf.

Dieses Wort. Da war es wieder. Ich konnte es echt nicht mehr hören. Vielleicht hatte er recht, und ich übertrieb mal wieder. Auf der anderen Seite tat ich mich schwer, die Vorteile zu sehen. Vieles, so schien es, konnte man auch mit herkömmlichen Methoden erfassen oder mit dem gesunden Menschenverstand. Brauchte man wirklich einen Ring, der den Schlaf optimierte, und eine Uhr, die einen zum Sport zwang? Mein Bäuchlein war eigentlich Antwort genug.

»Babbel net, beweesch disch!«, lachte der Wolf polternd, ohne auf meine Frage einzugehen. »De Hartmann is jetz Smartmann!«

Er hatte sich also wirklich in eine Mensch-Maschine verwandelt. Bereits bei der Begrüßung hatte ich es geahnt. Vielleicht noch nicht genetisch modifiziert, aber zumindest voll vom Selbstoptimierungswahnsinn infiziert. Ich fragte mich, ob ich beim Weg ins Bad über den Tank für die Kryokonservierung stolpern würde. Auf jeden Fall würde ich die Vorzüge der Technik spätestens morgen beim Joggen live demonstriert bekommen. Als wären die Startbedingungen auch ohne Technik nicht schon ungünstig genug. Nun also Cyborg gegen Cybobbelsche. Mir graute es bei dem Gedanken. Zur Beruhigung nahm ich noch einen Schluck Apfelwein und musste sofort sauer aufstoßen.

Morsche!«, riss es mich aus dem Tiefschlaf. Voller Tatendrang stand Wolf in aller Herrgottsfrühe in meinem Zimmer und weckte mich mit guter Laune. Sein Daten-Ring hatte ihm scheinbar eine besonders geruhsame Nacht attestiert, und fröhlich führte er mir den leuchtenden Balken auf dem winzigen Screen vor. Das grelle Licht schmerzte in den Augen, und ich sah alles nur verschwommen. Ich war an diesem Morgen noch nicht bereit für K. I., ich brauchte erst einmal einen Kaffee.

»Ist das nicht ein wenig früh für einen Lauf, Wolf?« Gähnend streckte ich meine Glieder.

»Haste net gut geschlafe, Schlappekicker?«, fragte der Wolf. »Musste mal des Ringelsche probier'n, dess de mehr in de Tiefschlaf kimmst.«

»Da war ich gerade.« Müde schälte ich mich aus dem Bett. »Dank deinem Ring bin ich da aber jetzt nicht mehr. Na dann los. Bringen wir es hinter uns.«

Warum musste unser Lauf ausgerechnet vor dem Frühstück stattfinden? Weil dann die Fettverbrennung am optimalsten ist, wusste Wolf. Und ich wusste, Wolfs Wort war Gesetz, und so nahm das Schicksal im wahrsten Sinne des Wortes seinen Lauf.

Ich kriegte kaum Luft, der Schweiß strömte mir aus jeder Pore, und das Seitenstechen wollte einfach nicht aufhören. Wir waren gefühlt seit Stunden unterwegs, Wolfs Smartwatch wusste das natürlich besser.

»Mir habbe schon zehn Minuden«, sagte Wolf nach dem Blick auf die Uhr. »Jetzt müsse mer mal bissl Gas gebbe.«

»O Gott, ich kann schon nicht mehr«, stöhnte ich. Meine Kondition war eine Katastrophe. »Ich wette, ich hab schon keine Vitalparameter mehr.«

Wieder piepte Wolfs Uhr. Er hob das Handgelenk hoch, damit ich sie besser sah. »Die misst EKG und Sauerstöffle im Blut, mein Liebä. Sowas brauchsde aach!« Ich war kurz vor klinisch tot, da brachte dann auch ein EKG nichts mehr. Eigentlich wusste ich ja um meinen schlechten Trainingszustand. Aber so schlimm hätte ich die Lage beim besten Willen nicht eingeschätzt. Aber was machte man auch im Büro den ganzen Tag: sitzen, tippen und ab und zu mal einen Ausflug in die Küche. Das Highlight des Tages war das Kaffeestündchen. Dass man davon nicht fitter wurde, war ja klar. Den inneren Schweinehund überwinden, dabei half die Uhr sicherlich. Aber würde man die auch benutzen, oder trat nach kurzer Zeit der Fitnessstudio-Effekt ein, bei dem die einzige Regelmäßigkeit in der Überweisung des monatlichen Beitrags bestand?

Inzwischen pfiff ich aus dem letzten Loch und Wolf vor sich hin. Es war offensichtlich, dass er auf mich Rücksicht nahm und sich meiner Geschwindigkeit angepasst hatte. Ich musste wieder an die Kurzwitze denken, die eigentlich Flachwitze waren, und den Zusatz »die besten« sicherlich nicht verdient hatten. Einer passte aber perfekt zu den letzten Metern unseres Laufs: Was sagt eine Schnecke auf dem Rücken einer Schildkröte? Huiiiiii!

Später unter der Dusche schwor ich mir, dass sich was ändern musste. In unserer hochtechnisierten Welt wurden wir nicht nur mental abhängig von irgendwelchen Geräten, wir wurden regelrecht zu Couch Potatoes degradiert, die auf Bildschirme starrten. Ich dachte daran, wie gut mir die körperliche Arbeit an der frischen Waldluft bei Enno getan hatte. Ab jetzt würde ich regelmäßiger Sport treiben und mir diese Smartwatches im Internet zumindest mal anschauen. Schließlich war der Schutz meiner eigenen Gesundheit wichtiger als der meiner Daten. Fraglich war, ob mein neues Konzept auch Sarah überzeugen konnte. Mit jedem Piepen am Handgelenk ihres Vaters schienen ihre Bedenken zu wachsen.

»Kannst du das Gerät nicht wenigstens beim Frühstück abnehmen?«, fragte sie, während sie in ein Dinkelbrötchen mit Chiasamen biss und ihre Mutter zustimmend nickte.

»Jetz heisdes widdä aufstehe hier.« Der Wolf stellte sich mit Blick auf die Uhr hin, in der anderen Hand hielt er noch den Löffel vom Müsli. »Des is aach stressich, sag ich dir. Abber des Tagesziel, des erreiche mer!«

»Papa, setz dich bitte wieder hin!« Sarah sah ihn besorgt an, für sie schien die Motivation durch die Uhr eher etwas übereifrig. »Es ist erst 9 Uhr. Da ist ja noch etwas Zeit, um das Tagesziel zu erreichen.«

Ernährungstechnisch konnte ich bereits jetzt ein neues Kapitel aufschlagen. Ich war durch Sarahs Vegetarier-Dasein zu Hause schon eine gesunde Küche gewohnt, aber die Hartmanns setzten immer noch einen drauf. Zum Abendbrot sollte es Lizza geben, das hatten selbst wir noch nie gegessen. Bei dieser Pizza war selbst der Teig gesund, da er aus Leinsamen und Flohsamenschalen bestand. Letzteres klang zwar total eklig, sollte aber super gesund sein.

»Der Sabine ihr Mann sei Schwester hat ihr das Rezeptsche empfohle«, erklärte der Wolf.

»Die Schwester von Sabines Mann«, übersetzte Sarah.

»Ei habb isch doch gesacht, versteht der des net?«, meinte Wolf, wurde aber durch ein erneutes Piepen seiner Uhr abgelenkt.

»Reichst du mir mal bitte das Kneipchen?«, fragte mich Sarah. Das was? Was war denn nun wieder ein Kneipchen? Jetzt verstand ich noch nicht einmal mehr meine eigene Frau. Womit hatte ich das bloß verdient? Während ich noch verständnislos auf dem Tisch nach etwas suchte, was ein Kneipchen sein könnte, griff sie über meinen Teller rüber nach einem Schälmesser.

Meine Gelenke taten mir vom Joggen weh, und ich war in freudiger Erwartung eines monumentalen Muskelkaters. Vielleicht war jetzt doch nicht der geeignete Zeitpunkt für einen kompletten Neustart. Ich biss in das Dinkelbrötchen mit dem veganen Aufstrich, auf der Packung stand, was alles nicht drin war: keine Laktose, kein Gluten, kein Ei, kein Soja, kein Hefeextrakt. Kein Bock, dachte ich und verschob gedanklich meine eigene Selbstoptimierung so einfach wie einen Termin im Outlook-Kalender.

Am Sonntag passierte es dann. Sarah kriegte die Krise. Ausnahmsweise mal nicht wegen mir, sondern weil ihr Ladekabel streikte. Keines der anderen Geräte im Haushalt war kompatibel, und die NoMoPhobie, von der sie mir im Spaß berichtet hatte, stand ihr nun ins eigene Gesicht geschrieben. Während ich verzweifelt auf meinem Handy nach offenen Tankstellen suchte, die so ein Kabel im Sortiment haben könnten, schlug die Stunde von Wolf Hartmann. Die eigene Tochter in Not zu sehen, das rief den Wolf auf den Plan, den wir alle vermissten. Nicht diesen nervösen App-Fanatiker, der sich von seiner eigenen Smartwatch herumschupsen ließ, sondern den Macher mit dem kühlen Kopf, der wusste, was zu tun war, wenn keiner wusste, was zu tun war.

»Menschenskinner nochemal, nedd babbele, die Hardwär tut sich nedd von allein repariern!«, riss Wolf das Ruder rum, schaute mich an und sagte: »Da kimmt der Bubb mal mit in die Bastelstubb.«

Die extrem schmale Treppe, die in die dunkle Wolfshöhle, pardon Werkstatt, führte, war so steil, dass man sich am Geländer festhalten musste. Der Wolf und ich waren schon so einige Treppen gemeinsam gestiegen. Die auf der Chinesischen Mauer war die größte gewesen, diese das diametrale Gegenteil. Sein Werkraum war klein, aber gemütlich. Sauber sortiert hingen überall Werkzeuge für alles, was das Handwerkerherz begehrte. Ich war beeindruckt, in Ennos Werkstatt hatte es nicht halb so viel Kram gegeben. Platinen und Messgeräte hatte ich bei ihm beispielsweise überhaupt nicht gesehen. Aber hier war der Wolf in seinem Element.

»Des gib's ja gar net, des Scheißding hadden Kabelbruch. Mer mache mal des Plastik ab«, brummelte er vor sich hin, während er mit der Abisolierungszange das Kabel freilegte. »Da guggemaa her, so kimmste schee sauber an die Kabellaach.«

»Wofür sind denn die verschiedenen Kabel?«, fragte ich ihn.

»Na, du bist mer'n Experde, gescheit wie sibbe Dumme! Adärn, Kerle!«, erklärte er. »Guggemaa, des sinn vier. Rot un schwarz, des is die Spannungsversorgung. Fimpf Volt würd ich mal schätze. Unn weiß und grie, des is für die Daade.«

»Aha«, sagte ich und staunte, wie filigran die Wolfpranken die kleinen bunten Adern auseinanderzwirbelten, um in diesen dann mit der Zange den Kupferdraht freizulegen.

»Genuuch rumgeworschtelt. De Rest bekimmt mein Azubi«, lachte der Wolf.

»Wer?«, fragte ich.

»Na, du, Kerle. Sei mal hier kaan Labbeduddel. Immer schön aans nach'm annern. Ich gugg hier unne mal nach'm Lötzinn«, der Wolf gab mir das kaputte Kabel und krabbelte unter die Werkbank.

Nun hielt ich also zum ersten Mal in meinem Leben eine Abisolierungszange in den Händen. Ich war mir sicher, selbst das Wort hatte ich heute zum ersten Mal gehört. Vorsichtig machte ich mich dran, die Kunststoffummantelung der kleinen Adern zu entfernen. Wolf rumpelte unter der Werkbank und kam mit einer Rolle in der Hand wieder zum Vorschein. Er nahm die beiden freigelegten Kabelenden und klemmte sie in der Werkbank fest. Dann lötete er die Enden aneinander.

»So, jetz, müsse mer das abber noch stabil mache und schee«, meinte Wolf. »Des Aug läd mit!«

Er holte eine Heißklebepistole, und ich musste damit das Stück mit den offenen Adern verkleben. Zur Zugentlastung, wie er sagte. Danach stülpte er ein Stück Schrumpfschlauch drüber. Ein weiteres Wort, das erst am heutigen Tage Eingang in meinen Wortschatz fand. Bisher kannte ich nur Schrumpfkopf, aber das Prinzip war ähnlich. Wolf drückte mir jetzt eine Heißluftpistole in die Hand, und durch die Erhitzung zog sich der Schlauch zusammen. Faszinierend. In weniger als fünfzehn Minuten lag vor uns ein funktionstüchtiges Kabel.

»Was mer hat, des hat mer!«, kommentierte Wolf unser fertiges Projekt und schien zufrieden. Als wir aus dem Keller kamen, schloss ihn Sarah in die Arme. Sie war total happy.

»Papa, du bist der Beste!«, rief sie freudig und bewunderte ihr repariertes Kabel.

»Musst du dich bei ihm bedange!« Wolf haute mir auf die Schulter.

Das kam überraschend. Für mich und für Sarah.

»Ich wusste gar nicht, dass du so etwas kannst«, sagte sie.

»Ich auch nicht«, antwortete ich dummerweise.

»Des is de waare Schdribbezieher!«, ließ sich Wolf nicht abbringen. »Awwer jetz is ferdisch! Jetz gönne mir uns e schee Schdöffsche.«

Diesmal tranken wir den Apfelweinschoppen alle gemeinsam, Sarahs Mutter schenkte ihn nach echter Frankfurter Tradition in Geripte ein. Auch Wolf gönnte sich einen – trotz Tagesziel. Und auch wenn es nur ein kurzer Moment gewesen war: Es hatte Spaß gemacht, mit ihm im Keller zu basteln. Vor allem war es interessant gewesen, die Technik mal von der anderen Seite zu sehen: Platinen, Sicherungen, Drähte, Kabel. Ob Schatzi, der Staubsauger,

Puschis Juliana oder Wolf Hartmanns Fitness-App, sie alle waren am Ende nur Nullen und Einsen. Strom ein, Strom aus. Kleine Schaltkreise, gelötet auf Kupferplatinen, und doch hielten sie die ganze Welt in Atem.

Auf dem Rückweg nach Hamburg musste ich noch lange daran denken. Sarah saß schlafend neben mir, während ich durch die Nacht fuhr. Es lagen noch zweihundert Kilometer Strecke vor mir. Zeit, um die Ereignisse des Wochenendes gedanklich zu verarbeiten. Auf der einen Seite war es komisch gewesen, Wolfgang Hartmann so zu sehen. Der Selbstoptimierungswahnsinn hatte voll Besitz von ihm ergriffen. Obwohl ich wenige kannte, die in so guter Kondition waren, ließ er sich trotzdem von seiner Smartwatch bevormunden. Auf der anderen Seite schien sie ihn aber auch anzuspornen. Der innere Schweinehund war nicht zu unterschätzen, das kannte ich nur zu gut. Rückblickend nannte ich meine schlimmste Zeit in dieser Hinsicht scherzhaft meine Jo-Jo-Jahre. Damit wäre mit der Smartwatch endlich Schluss. Würde ich mich selber dem Diktat der Daten unterwerfen? Immerhin wusste ich jetzt, worauf ich mich einließ. Das Innenleben der Technik wirkte beherrschbarer als sein extrovertiertes Äußeres. Heute würde ich keine Entscheidung mehr treffen müssen. Für die restliche Fahrt war es, gelinde gesagt optimal, digital, scheißegal.

Nachdem wir bereits einige Tage wieder zurück in Hamburg waren, griff ich zum Hörer, um die Sache mit Puschi Jablonski und seiner Lautsprecher-Liebe endlich zu klären. Mir ging unser letztes Telefonat einfach nicht aus dem Kopf. Unverschämt direkt hatte er so getan, als sei Juliana eine ganz gewöhnliche Person. Sarah hatte von dieser ganzen Scharade überhaupt nichts mitbekommen. Sie hatte wirklich geglaubt, Juliana sei ein echter Mensch. Und dann hatte Puschi auch noch die Dreistigkeit besessen, ein echtes Treffen vorzuschlagen. Wie sollte das denn bitte funktionieren? Kam Juliana dann als Hologramm oder was? Das war so unglaublich hohl, das musste bald ein Ende haben. Er hatte den Verstand verloren, so viel war klar, und wer, wenn nicht ich, konnte ihn zur Vernunft bringen? Immerhin war ich sein bester Freund und wild entschlossen, Tacheles zu reden.

»Können wir unter vier Augen sprechen?« Dabei fiel mir ein, das Juliana ja technisch gesehen gar keine Augen hatte. »Also ich meine, nur wir beide. Alleine?«

»Was soll denn das schon wieder?«, empörte sich Martin sofort. »Vor Juliana habe ich keine Geheimnisse.«

»Komm schon, Martin, es wird doch wohl möglich sein, dich mal kurz in Ruhe zu sprechen«, erwiderte ich. »Ich bin dein bester Freund.«

»Na gut«, antwortete er zögerlich. Das hatte gezogen. Ich hörte, wie Martin den Raum wechselte. »So, jetzt bin ich in der Küche. Hier können wir ungestört reden.«

Ich holte gerade tief Luft, um das schwierige Thema anzuschneiden, da kam Martin mir zuvor.

»Gut, dass du dich meldest«, sagte er. »Ich wollte dich auch kontaktieren. Erinnerst du dich an meinen Kollegen Prof. Dr. Hagen von Frankenheimer?«

»Wie könnte ich den vergessen!«, gab ich zurück. »Das seltsame Institut der Künstlichen Intelligenz, und ist das nicht auch Julianas ...«

›Schöpfer‹ wollte ich sagen, verschluckte mich aber dabei. Diesmal wollte ich das Ganze schlauer anstellen und Martin nicht direkt vor den Kopf stoßen.

»... ihr leiblicher Vater sozusagen«, ergänzte Martin. Ich spürte, wie meine Anspannung wuchs. »Aber gut, dass du dich an ihn erinnerst. Hagen führt ein neues Experiment durch. Sein Forschungsschwerpunkt liegt auf der Affinität zur Künstlichen Intelligenz.«

Affenzirkus, dachte ich, sagte aber nichts.

»Er will herausfinden, wie verschiedene Menschen auf intelligente Maschinen reagieren, dazu hat er den K.I.-Typomat entwickelt. Dabei hat er sich an dich und Sarah erinnert und fand insbesondere eure gegensätzlichen Standpunkte interessant. Er hätte gerne, dass ihr an der Studie teilnehmt.«

»Wir?« Jetzt kam ich doch ein bisschen aus dem Konzept.

»Na ja, ich bin ja, wie soll ich sagen ...«, druckste Martin rum, »... befangen.«

»Bescheuert«, platzte es jetzt doch aus mir heraus.

»Na, na, na«, reagierte Martin gereizt. »Wollen wir das wirklich wieder diskutieren?«

»Mensch, Martin. Sie ist eine Platine, keine Blondine«, nannte ich das Kind beim Namen. Abrupt wurde es still in der Leitung. Wir schwiegen beide für einen Moment.

Dann sagte Martin: »Vielleicht ist es die bessere Beziehung.«

»Wie meinst du das?«, wollte ich wissen.

»Keine Kompromisse dank K. I.«, erklärte Martin. »Juliana ist ja darauf programmiert, mich glücklich zu machen und nicht sich selbst. Eine Liebe ohne Streit und ohne lästige Diskussionen.«

Ich dachte sofort an Sarah. Ständig hatten wir uns wegen irgendetwas in den Haaren. Ständig musste man Kompromisse machen. Das war anstrengend, aber veränderte auch häufig die Perspektive. Dass wir um die halbe Welt gereist waren, hatte ich Sarah zu verdanken. Ich hatte mich mit Händen und Füßen dagegen gewehrt. Und am Ende hatte ich die Reise als Schisser um die Welt nicht nur überlebt, sondern war um viele Erfahrungen reicher zurückgekehrt. Erst hatten uns die Reisen fast getrennt, um uns am Ende dann doch näher zusammenzubringen.

Martin hingegen würde sich wahrscheinlich immer weiter zurückziehen. Und Juliana würde ihn darin womöglich bestärken. Sie war schließlich ein selbstlernendes System, das darauf ausgelegt war, Muster zu erkennen und diese optimiert fortzusetzen. Martin Puschi Jablonski kam nicht aus den Puschen. Das war sein Problem, das war sein Muster. Er durfte nicht noch weiter abdriften, dafür musste ich sorgen. Nur wie? Symptomatisch behandeln ist das eine, sagte Sarah immer, die Ursache erkennen das andere. Ich musste an die Wurzel von Martins Übel, bevor alles aus dem Ruder lief. Bevor ihn Juliana noch mehr manipulierte. Es musste eine kreative Lösung her, denn das konnten wir Menschen immer noch besser als Maschinen, die konnten nämlich nur Schema F.

Schema F.

F wie …

Frankenheimer.

Plötzlich wusste ich, was zu tun war. Als Erstes musste ich mit Sarah reden.

K. I.-Typomat? Was soll das denn sein?«, fragte Sarah, ihre Augenbrauen in Habachtstellung. Ich goss ihr schnell Wein nach. Denn ich hatte extra für uns gekocht, und wir hatten bei Kerzenschein gemütlich gegessen. Nun prostete ich ihr zu statt zu antworten.

»Schmeckt toll, der Wein«, stellte Sarah fest. »Und danke fürs Kochen. Aber jetzt mal ehrlich. Warum willst ausgerechnet du zurück zu diesem seltsamen Institut von Dr. Frankenheimer. Ich hatte damals das Gefühl, du warst froh, da schnell wieder weg zu sein.«

»Na ja«, druckste ich rum und konstruierte eine halbwegs glaubhafte Begründung. »Ich dachte, wir lernen dabei auch etwas – über uns.«

»Hmm …« Sarah blieb sichtlich skeptisch. »Also damals hast du den armen Mann regelrecht verteufelt und das Institut fluchtartig verlassen.«

»Seitdem ist ja viel passiert«, baute ich mein Lügenkonstrukt weiter auf, das allerdings jetzt schon bedrohlich wackelte. »Hinter die Fassade der Technik zu schauen hat mich bei deinem Vater neugierig gemacht. Jetzt würde ich gerne mehr herausfinden.«

»Ach Gott, mein Vater«, erwiderte Sarah, »den muss ich unbedingt später noch zurückrufen. Der hat vorhin so komisch auf den AB gesprochen. Bestimmt hat der wieder durch seine Smartwatch telefoniert. Also ich habe den Eindruck, die bekommt ihm gar nicht. Als wir neulich in Frankfurt waren, kam er mir total überfordert vor. Irgendwie habe ich den Eindruck, es ist tatsächlich alles etwas viel geworden mit der ganzen Technik. Ich brauche auch bald einen Digital Detox.«

Was war denn auf einmal mit Sarah los? Kam selbst sie langsam zur Einsicht? Aber musste das ausgerechnet jetzt sein? Martin brauchte dringend unsere Hilfe! Dr. Frankenheimer saß an der

Quelle. Er hatte Juliana programmiert, er würde wissen, wie man sie wieder abstellt. Der K. I.-Test war der perfekte Vorwand, um ihn zu treffen. Wir mussten nach Berlin.

»Dann lass uns wenigstens noch den Besuch beim Professor machen und dann den Detox starten«, türmte sich mein Turm aus konstruierten Argumenten in schwindelerregende Höhen. »Schließlich kommt erst der Karneval und dann das Fasten.«

»Nee, echt nicht«, sagte Sarah und nippte an ihrem Wein. »Lass uns das Wochenende lieber chillen.«

Es half nichts. Ich schien nicht drum herumzukommen, ihr den wahren Grund zu nennen. Auch wenn ich mir sicher war, dass sie es

a. nicht glauben würde,

b. nicht glauben konnte, dass ich es glaubte und

c. vom Glauben abfallen würde, wenn sie herausfand, dass es wirklich stimmte.

»Die Wahrheit ist, es geht mir gar nicht um den Test«, sagte ich zu Sarah, und mein Kartenhaus brach in sich zusammen. »Es stimmt zwar, dass Dr. Frankenheimer uns eingeladen hat, aber …«

»Aber was?« Sarah stellte ihren Wein ab und sah mich erstaunt an.

»Juliana Schmidtpott«, fing ich an.

»Aus der 12c«, komplettierte Sarah. »Die neue alte Freundin von Martin Jablonski?«

»Ja, genau die«, versuchte ich zu erklären. »Sie ist nicht echt.«

»Wie meinst du das?«, wollte Sarah wissen. »Betrügt sie ihn etwa?«

»Nein«, sagte ich sofort. »Also doch. Irgendwie schon. Aber anders.«

»Häh«, erwiderte Sarah. »Ich verstehe überhaupt nichts. Sie betrügt ihn nicht, aber irgendwie schon, und was bitte hat das alles mit Professor Frankenheimer zu tun?«

»Es klingt verrückt«, begann ich zu erzählen. »Aber Puschi hat doch so Probleme gehabt, jemanden kennenzulernen, und Dr. Frankenheimer hat an einer neuen Software für Smartspeaker getüftelt, die diese menschlicher machen sollte. Und dann sind sie auf die irre Idee gekommen, Juliana nach Martins Vorstellungen neu zu erschaffen. Eine Künstliche Intelligenz, die so überzeugend ist, dass er sich bis über beide Ohren in sie verliebt hat …«

Als ich mit der ganzen Geschichte fertig war, sah mich Sarah nur mit großen Augen an. Ihr Mund stand offen, aber sie sagte nichts. Nach einer halben Ewigkeit kamen ihr nur zwei Worte über die Lippen: »Fake News.«

IX.
Ist das K. I.,
oder kann das weg?

Es gab nur einen Ort, der weiter entfernt von der Digitalisierung lag als Ennos Exil im entlegensten Waldwinkel: mein Elternhaus. Tatsächlich hatte ich Sarah überreden können, mit mir nach Berlin zu reisen, obwohl sie sich bis zuletzt geweigert hatte, Martins Lautsprecher-Liaison anzuerkennen. Die Wohnung meiner Eltern lag auf dem Weg, also legten wir einen Zwischenstopp ein. Jede Rückkehr in die Wiege meiner Neurosen war wie eine Reise in die Vergangenheit. Hier wurde gekocht statt bestellt, geschrieben statt gemailt und ferngesehen statt Netflix geguckt, und das natürlich ohne App, sondern mit Programmzeitschrift, in der fein säuberlich die Highlights mit Kugelschreiber umrandet waren. Ein Programmpunkt musste allerdings nicht gekennzeichnet werden, denn dieser wiederholte sich täglich: die Tagesschau. Punkt 20 Uhr saß mein Vater vorm Fernseher, komme was wolle. Daher war die Planung unseres gemeinsamen Abendessens für meine Eltern eine kleine Herausforderung gewesen. Wir hatten uns letztlich aber auf ein frühes Essen geeinigt. Damit konnten alle leben, wir kamen schneller nach Berlin und mein Vater pünktlich vor die Mattscheibe.

»Was gibt es denn Leckeres?«, fragte ich ihn in der Küche und schaute ihm beim Kochen über die Schulter. Tatsächlich bereitete immer er das Essen zu, leider auch der einzige moderne Aspekt in ihrer ansonsten eher traditionellen Beziehung, die auf dem Grundsatz beruhte: Solang der Hahn kräht auf dem Mist, bleibt alles wie es ist. In der Wohnung meiner Eltern war demnach alles exakt so wie immer. Der Vorgarten des Mehrfamilienhauses war penibel hergerichtet, der Läufer am Eingang mit dem Fransenkamm frisiert, und in der Küche blinkten und blitzen die Utensilien poliert an Ort und Stelle. Wäre mein Vater nicht gerade am Kochen gewesen, hätte man sich gefragt, ob hier überhaupt jemand lebt, so sauber wirkte es. Duften tat es allerdings wunderbar und zwar nicht nach Sterillium.

»Ossobuco«, war die Antwort meines Vater auf die Frage nach dem Essen.

»Du weißt aber schon, dass Sarah Vegetarierin ist?«, fragte ich ungläubig. Das Gericht im Ofen sah alles andere als pflanzlich aus. Die großen Stücke Knochenfleisch köchelten in einem rotbräunlichen Sud. Dies war mit Abstand das un-vegetarischste Gericht aller Zeiten, der Gipfel des karnivoren Gaumenschmauses.

»Da sind frische Tomaten und Karotten drin!«, erläuterte mein Vater beiläufig die Zutaten, die völlig verkocht neben den Beinscheiben schmorten.

»Soso«, meinte ich. Es roch zwar fantastisch, aber auch nach Ärger. Wobei Sarah es vor Jahren aufgegeben hatte, mit meinen Eltern zu diskutieren. Spätestens ab dem Zeitpunkt, als sie erklären musste, dass Geflügel auch Fleisch war und eben keine Alternative. Zum Glück gab es Risotto dazu, damit würde sie wohl oder übel leben können.

Mit roten Backen und einem stolzen Grinsen stellte mein Vater wenig später die große Tonschale auf den Tisch. Die Knochen mit dem typischen Loch dampften in dem heißen Sud und verströmten das kräftige, würzige Aroma, das mir das Wasser im Mund zusammenlaufen ließ und Sarahs Würgreflex aktivierte. Sie guckte auf die Uhr und zählte bereits die Minuten bis zur Tagesschau und unserer Weiterreise.

»Was gibt es denn so Neues bei euch?«, fragte sie, um sich selbst vom Essen abzulenken.

»Die Eigentümerversammlung …«, schoss es aus dem Mund meines Vaters wie aus einer Pistole, während er das Essen verteilte, »… eröffnete einem menschliche Abgründe unerklärlichen Ausmaßes!«

»O Gott, was ist denn passiert?«, wollte ich wissen. Ich probierte das Ossobuco, welches vorzüglich schmeckte. Bei all seinen Macken, kochen konnte er, das musste man ihm lassen.

»Nichts. Dein Vater ist nur besorgt«, erklärte meine Mutter und versuchte, ihn zu besänftigen. »Es gibt da Unklarheiten.«

»Besorgt? So ein Quatsch!«, bügelte mein Vater sie ab. »Und Unklarheiten gibt es auch nicht. Wir machen das nicht!«

»Was macht ihr nicht?«, bohrte Sarah nach, die in dem Risotto stocherte und sich zurücksehnte zu Gunnars perfekt gekochtem Smart Home Reis.

»Internet«, sagte mein Vater.

»Was ist mit dem Internet?«, fragte ich.

»Das soll hier verlegt werden. Aber ich habe dagegengestimmt«, ließ uns mein Vater aufgebracht wissen. »Internet, das braucht kein Mensch.«

»Na ja, ich weiß nicht, ob man das so pauschal sagen kann«, sagte Sarah leise und erntete direkt einen bösen Blick.

»Kann man!« Mein Vater kam in Fahrt. »Das fängt alles ganz harmlos an. Wie heißt das noch gleich, Gas-Dingsda.«

»Glasfaser«, sagte meine Mutter kleinlaut.

»Ganz genau«, empörte sich mein Vater. »Mit einer klitzekleinen Glasfaser fängt das an, und eh man sich versieht, hat man einen ganzen Cyberbunker im Keller. War alles in der Tagesschau, der ganze Schweinkram, den die da getrieben haben.«

»Wenn man das Internet anschließt, holt man sich doch nicht gleich Kriminelle ins Haus«, versuchte ich, meinen Vater zu beruhigen.

»Das sagst du so in deinem jugendlichen Leichtsinn, Junge!« Mein Vater sah mich streng an. Ich wollte mir gerade noch mehr Fleisch auffüllen, doch er kam mir zuvor. »Lass mich das mal machen. Dann geht nichts daneben.«

Hier zu Hause blieb ich Kind, und so wurde ich auch behandelt. Mir wurde noch nicht einmal zugetraut, fleckenfrei das Essen aufzufüllen. Bei einer Grundsatzdebatte zum Internet würde mich erst recht keiner ernst nehmen.

»Also ich würde mir das noch einmal überlegen«, schlug Sarah gewohnt diplomatisch vor. »Das hat viele Vorteile, zum Beispiel ist man nicht an Sendezeiten gebunden.«

»Nee, nee. Das kommt mir nicht ins Haus!« Mein Vater wiegelte ab. Für ihn war das Thema erledigt. »Aber apropos Sendezeit.«

Er schaute auf die Uhr, stand dann wortlos auf und verließ das Esszimmer. Sarah sah mich fragend an und zuckte mit den Schultern.

»Punkt acht«, sagte ich.

»Tagesschau«, fügte meine Mutter hinzu, und dann waren wir nur noch zu dritt am Esstisch.

Meine Eltern hatten ihr Leben ritualisiert. Egal ob Urlaub oder Alltag, alles folgte seinen festen Regeln, Zeiten, Abläufen. Es war ihre Antwort auf die Angst, die auch ihr ständiger Begleiter war. Sie lebten mit dem Trugschluss, dass sich die Welt kurzfristig aussperren ließ. Draußen aber drehte sie sich weiter – jeden Tag ein bisschen schneller.

IX. IST DAS K. I., ODER KANN DAS WEG?

Zum Abschied gingen wir im Wohnzimmer vorbei. Mein Vater saß in seinem Sessel mit der Fernbedienung in der Hand. »Die Macht« hieß diese früher bei Sarah zu Hause. Denn wer die Fernbedienung hatte, hatte auch die Macht über das Programm. Im Gegensatz zum unüberschaubaren, ständig wachsenden Internet schien hier die Welt noch in Ordnung. Wir winkten ihm, er nickte kurz und schaute dann wieder zum Fernseher. Er machte einen zufriedenen Eindruck. Möge die Macht mit ihm sein, dachte ich beim Hinausgehen.

»Meine Eltern leben echt auf einem anderen Planeten«, sagte ich zu Sarah, als wir wieder im Auto saßen und in Richtung Berlin weiterfuhren. »Die würden glatt denken, das Nachbarland der USA heißt USB.«

»Ach, komm«, antwortete Sarah. »Ja, klar ist das absurd, sich so abzuschotten. Fast wie so eine Art DDR der Digitalisierung. Aber auf der anderen Seite kommen die auch ganz gut durchs Leben und wirken weniger aufgeregt.«

»Stimmt«, erwiderte ich. »Eine Wetter-App brauchen die definitiv nicht. Die schauen einfach aus dem Fenster und gucken, ob es regnet oder nicht.«

»Du immer mit dieser App. Die scheint dich ja mächtig zu stören.« Sarah setzte den Blinker und bog auf die Autobahn ab.

»Zu meiner Verteidigung muss ich anführen«, erklärte ich, »dass ich ja quasi mit der Tagesschau aufgewachsen bin, und der Wetterbericht am Ende, ich würde sagen, der ist im Grunde der Urquell der Fake News.«

»Genau deshalb gibt es ja die App«, sagte Sarah und trat aufs

Gas. »Die setzt Algorithmen ein, die versuchen, Ungenauigkeiten zu eliminieren.«

»Drei Wetter-Apps, drei Meinungen«, hielt ich dagegen. »Aber ist ja auch egal. Womit du natürlich recht hast, ist zweifelsohne, dass bei meinen Eltern das Leben auch ohne Apps und Internet läuft. Die würden Wetter-App, Smartwatch und eine Künstliche Intelligenz zum Verlieben für Science-Fiction halten und mit Sicherheit auch deren Sinn in Frage stellen.«

»Ganz unrecht haben sie ja nicht«, sagte Sarah und nahm den Abbieger nach Berlin.

Es regnete, als wir über den Campus der Charité in Richtung Rotklinkerbau gingen. Sarah regte sich total auf, denn ihre Wetter-App hatte Regen eindeutig ausgeschlossen, woraufhin wir entschieden hatten, zu Fuß zu gehen. Ohne Schirm, versteht sich. Jetzt waren wir natürlich pitschenass, und ihre Finger wischten verärgert über das von Regentropfen überzogene Display. Ich kommentierte das vorsichtshalber nicht, denn ich hing an meinem Leben.

Das seltsame Institut der Künstlichen Intelligenz wirkte an diesem grauen Tag noch gewöhnlicher als sonst, und sogar Prof. Dr. Dr. Hagen von Frankenheimer hatte etwas von der Aura des Superschurken eingebüßt. Bei genauem Hinsehen wirkte der Mediziner sogar eher blass und farblos. Dieser Mann würde die Welt nicht in den Untergang stürzen, sondern eher mit der Waffe der Wissenschaft in einen Tiefschlaf der Langeweile versetzen.

»Wie schön, dass Sie noch einmal den Weg hierher gefunden haben, werte Frau Kollegin«, begrüßte der Professor Sarah und schüttelte danach freundlich meine Hand. »Und der Herr Gemahl, seien auch Sie herzlich willkommen. Mea culpa, dass Sie die Einladung über den geschätzten Professor Jablonski erhalten haben und nicht über mich persönlich. Ihr letztes Entrée war, ich möchte sagen, etwas ungewöhnlich, sodass eine gewisse Unsicherheit meinerseits zurückblieb, ob eine Einladung einem Affront gleichkäme.«

In meiner lebhaften Erinnerung hatte alles opulenter gewirkt: der weiße Warteraum isolierter und steriler, der lange Gang mit den vielen Türen geheimnisvoller und rätselhafter, die holzvertäfelte Bibliothek prunkvoller und das dahinter liegende Großraumbüro futuristischer. Nur das hochgestochene Gelaber von Dr. Frankenheimer schien noch nicht mal in meiner Erinnerung steigerbar.

»Biomedizinische Forschung«, erklärte er Sarah, die ihn nach seinen neusten Projekten befragt hatte, während wir in Richtung des riesigen Bildschirms gingen, der am Ende des Großraumbüros immer noch die gesamte Wand einnahm. »Seit Jahren besteht das Problem darin, dass es jahrelange Fleißarbeit benötigt, um die komplexen Strukturen von Molekülen zu entschlüsseln. Künstliche Intelligenz könnte diese Arbeit übernehmen und somit die Entwicklung von Medikamenten gravierend beschleunigen.«

»Wow«, sagte Sarah mit leuchtenden Augen. Sie schien die schlechte Laune samt nasser Jacke an der Garderobe abgegeben zu haben. Ich trottete derweil hinter den beiden her, sah mich um und fragte mich, was es mit dem Test wohl auf sich hatte und wann sich eine gute Gelegenheit ergeben würde, Frankenheimer nach dem Puschi-Problem zu fragen. Aber da kam der Stein schon ins Rollen.

»Letztes Mal war es mir eine Ehre, Ihnen zu demonstrieren, wie Künstliche Intelligenz unser aller Leben verändert«, erläuterte Dr. Frankenheimer, als wir vor dem Monitor angekommen waren. »Dieses Mal geht es mir darum, wie die Digitalisierung IHR Leben verändert. Ich möchte herausfinden, wie unterschiedliche Menschen Technik wahrnehmen. Ich möchte herausfinden, was für ein K. I.-Typ Sie sind.«

Auf dem Monitor erschien eine Art Statistik, die wohl die Typologie zeigte, von der Professor Frankenheimer sprach.

»Sie leisten mit Ihrer Teilnahme wirklich einen großen Beitrag«, führte der Doktor weiter aus. »Denn anders als in China, wo die Leute ohne ihre Zustimmung einfach täglich ausspioniert und analysiert werden, setzen wir hier in Europa auf anonymisierte Studien. Deshalb bin ich Ihnen schon jetzt zu Dank verpflichtet, dass Sie sich entschlossen haben, freiwillig teilzunehmen.«

»Na ja, das stimmt nicht ganz«, widersprach ihm Sarah.

»Das können wir doch später noch besprechen«, lenkte ich ein, irgendwie war mir das peinlich, gleich so mit der Tür ins Haus zu fallen. Aber so war Sarah halt und ließ sich auch nicht beirren.

»Eine Hand wäscht die andere«, flüsterte sie mir zu und sagte dann zu Dr. Frankenheimer: »Gerne nehmen wir an Ihrer Studie teil, aber um einen kleinen Gefallen möchten wir Sie im Gegenzug bitten.«

»Aber natürlich«, antwortete er fröhlich. »Gerne helfe ich Ihnen, wo ich kann. Aber lassen Sie uns zunächst mit dem Test beginnen.«

Auf dem Monitor erschien ein Bild, auf dem einer Person Hunderte von Schläuchen aus dem Kopf wuchsen. Ich kriegte einen Schreck. Auf was hatte ich mich da bloß eingelassen?

»Elektroenzephalografie«, erläuterte Dr. Frankenheimer. »Die Gehirnstrommessung wird eingesetzt, um Ihre Reaktion zu testen. Auf verschiedene Stimuli.«

»Stimmen?«, fragte ich erstaunt. »Ich höre keine Stimmen.«

»Das ist auch gut so«, lachte Sarah. »Stimuli, nicht Stimmen. Wir werden verschiedenen Reizen ausgesetzt, und das Gerät misst dabei unsere Gehirnaktivität.«

»Aha«, antwortete ich. Dann erschien ein zweites Bild auf dem Monitor, auf dem jemand in eine Röhre geschoben wurde. Bildgebendes Verfahren nannte das Dr. Frankenheimer. Übergeben hätte ich mich lieber. Ich fand das alles beängstigend. Alles nur wegen Puschi. Und dabei würde er wahrscheinlich noch nicht einmal erfahren, dass ich für ihn mein Leben aufs Spiel setze.

Wir folgten Dr. Frankenheimer in einen Raum, in dem zwei Stühle vor zwei Computern standen. Wir sollten Platz nehmen, und er legte uns die Kappen mit den Schläuchen an.

»Bleiben Sie ganz ruhig und folgen Sie den Anweisungen auf dem Bildschirm«, wies er uns beim Rausgehen an.

Ruhig bleiben? Machte er Witze. Ich war schon wieder total nervös. Aber als ich Sarah mit der komischen Kappe sah, musste ich kurz lachen. Sie sah wirklich unglaublich albern aus. An ihrem Blick erkannte ich, dass sie dasselbe dachte. Jetzt saßen wir also in diesem seltsamen Institut der Künstlichen Intelligenz und trugen elektronische Narrenkappen. Verrückt, was das Leben manchmal so für einen bereithielt, dachte ich noch, dann dimmte Dr. Frankenheimer das Licht, schloss die Tür, und der Test begann.

Nach ungefähr einer Stunde hatten wir es hinter uns. Das Licht ging an, die Kappen kamen ab, und Dr. Frankenheimer führte uns in sein Büro, um die Ergebnisse zu besprechen.

»Wie fühlen Sie sich?«, wollte er wissen, als wir ihm bei Kaffee und Keksen gegenübersaßen. Mein schweißnasses Hemd trocknete langsam, aber sicher, die bedrohlichen Brumm- und Klopfgeräusche des MRT-Hirnscanners hallten mir allerdings immer noch in den Gliedern wider. Was für eine Tortur!

»Also ehrlich gesagt«, wandte ich mich an den Doktor, »fand ich die Röhre schrecklich. Ich habe es eh nicht so mit engen Räumen. Und dann noch diese gespenstischen Geräusche … Was soll das überhaupt?«

»Also erstens, mit der Abneigung gegenüber dem MRT sind Sie nicht alleine. Viele verängstigt das Verfahren«, ging er auf mich ein. »Und zweitens, wir nutzen das Gerät, um die Stoffwechselaktivität im Gehirn sichtbar zu machen. Das MRT erlaubt dadurch eine räumliche Darstellung von Gehirnarealen, die durch die Stimuli aktiviert werden.«

»Ja, ja, Stimuli, schon klar. Das hatten wir ja schon«, bohrte ich nach. Ich wollte endlich wissen, was diese Quälerei gebracht hatte. »Was ist denn nun rausgekommen bei der ganzen Stoffwechselei?«

»Ich bin genauso gespannt wie Sie!«, meinte Dr. Frankenheimer und drückte aufgeregt auf der Tastatur des PCs rum, der vor ihm stand. »Der Computer hat bereits während der Untersuchung mit der Auswertung begonnen. Und hier kommen schon Ihre Profile.«

Sarah und ich beugten uns vor und spitzten die Ohren. Online-Testverfahren, EEG und MRT hatten wir über uns ergehen lassen, und jetzt nahte der Moment der Wahrheit. Ich stellte es mir vor wie bei Wolf im Keller. Wir schauten hinter die Kulisse unserer Persönlichkeit. Und dass da keine Kabel zum Vorschein kommen würden, war ja klar. Aber was würde es sein. Was war die große Erkenntnis der futuristischen Maschinen des Dr. Frankenheimer?

»Ihre Profile sind …«, spannte er uns auf die Folter, »… gegensätzlich. Ihre Frau entspricht am ehesten der erlebnisorientierten Aktivistin und Sie, nun ja, dem neurotischen Virtuosen. Das wird dann auch im Umgang mit der Technik reflektiert. Die eine eher offen, der andere eher ängstlich.«

»Das ist alles?«, fragte ich verwundert.

»Ehrlich gesagt, ist das nichts Neues für uns.« Auch Sarah war enttäuscht. »Mehr haben die Maschinen nicht herausgefunden?«

»Sie können anhand der Verfahren sehr genau Ihre biochemischen Reaktionen nachvollziehen«, erklärte der Doktor, drehte den Monitor in unsere Richtung und zeigte uns allerhand Statistiken, »aber Ihre generellen Persönlichkeiten ändern sich natürlich online nicht. Wobei, eine interessante Sache habe ich herausgefunden.«

»Und die wäre?«, hakte Sarah nach.

»Bei Ihnen beiden sehe ich gegenläufige Tendenzen«, führte Dr. Frankenheimer weiter aus. »Sie scheinen eher offener im Umgang mit den digitalen Möglichkeiten zu werden, und bei Ihrer Frau setzt eine gewisse Ernüchterung ein.«

»Siehst du«, sagte Sarah und sah mich schmunzelnd an. »Am Ende wirst du noch ein App-Experte!«

»Bis zur phobischen Singularität«, schlussfolgerte ich, und wir mussten alle drei lachen.

»Da war doch noch der Gefallen!«, erinnerte uns Dr. Frankenheimer. Nach den ganzen Messungen und Tests hatten wir fast völlig vergessen, warum wir überhaupt hergekommen waren.

»Erklär’s du ihm bitte«, wies mich Sarah an. »Ich kann offen gestanden immer noch nicht glauben, dass diese verrückte Geschichte wahr sein soll.«

»Welche Geschichte?«, wollte Dr. Frankenheimer wissen.

»Es geht um Juliana Schmidtpott«, begann ich zu erzählen. »Ihre Künstliche Intelligenz hat ein Eigenleben entwickelt.«

Als ich mit der Geschichte fertig war, musste sich der Doktor erst einmal setzen. Er sah besorgt aus und war sogar noch blasser um die Nase geworden, obwohl ich das nicht für möglich gehalten hätte.

»Er wirkte so unglaublich einsam«, erklärte er. »Ein bisschen Zeitvertreib war eigentlich alles, was wir wollten. Wir hatten gerade diese vielversprechende Software für den Einsatz in der Demenzforschung entwickelt. Da gibt es ja häufiger das Problem, dass die Patienten Empathie gegenüber anderen verlieren. Deshalb bedurfte es einer Künstlichen Intelligenz, die bedingungslos einfühlsam ist.«

»Eine Beziehung ohne Streit und ohne Diskussion hat er es genannt«, fügte ich hinzu.

»Die ultimative Filterblase«, stellte Prof. Frankenheimer schockiert fest. »Der Algorithmus unterliegt naturgemäß einer Selbstverstärkung. Er ist der perfekte Opportunist, da er auf Mustererkennung und deren Fortschreibung programmiert ist. Dinge, die nicht dem Standpunkt entsprechen, werden also weggelassen, wodurch eine völlig isolierte Perspektive entsteht.«

»Juliana redet Puschi nach dem Mund«, brachte Sarah seine komplizierte Erklärung auf den Punkt.

»Etwas einfach formuliert«, entgegnete der Doktor und fügte dann entsetzt hinzu: »Aber im Grunde richtig. Professor Jablonski hört nur das, was er hören will, und wird in seinem Denken immer eindimensionaler und eingeschränkter. Wenn das so weitergeht, verliert er am Ende noch seine wissenschaftliche Objektivität!«

»Was können wir tun?«, fragte ich ihn. »Kann man die Software nicht einfach abstellen?«

»Keine Chance«, sagte Sarah. »Der ist doch unsterblich verliebt. Der sensible Martin würde an einem gebrochenen Herzen zugrunde gehen.«

»Ich fürchte, sie hat recht. So einfach ist das leider nicht«, gab ihr Dr. Frankenheimer recht. »Das System abzustellen hätte keinen nachhaltigen Effekt. Professor Jablonski muss selber erkennen, dass er einem gewaltigen Irrtum erlegen ist.«

»Ich habe schon versucht, mit ihm zu reden«, erzählte ich, »aber der ist völlig unzurechnungsfähig. Man hat das Gefühl, Amors Pfeil hat nicht sein Herz getroffen, sondern sein Hirn!«

»Wenn wir Professor Jablonskis Verhalten nicht ändern können«, sagte Dr. Frankenheimer nach einer kurzen nachdenklichen Pause, »müssen wir das Verhalten von Juliana ändern!«

Er ging zielstrebig auf einen der Computer zu und machte sich an die Arbeit.

Am nächsten Tag trafen wir Martin Jablonski in einem kleinen Café am Landwehrkanal. Die hölzerne Terrasse erstreckte sich bis aufs Wasser, und es war wenig los. Kaum ein Tisch war besetzt, und auch Martin saß dort erwartungsgemäß alleine. Vor ihm standen ein unangetasteter Kuchen und eine Tasse Kaffee. Vermutlich kalt, denn wir hatten uns ein wenig verspätet. Ausnahmsweise hatten wir die Wegzeit mal nicht gegoogelt und waren überrascht gewesen, wie schlecht unsere eigene Einschätzung war oder, anders gesagt, wie wenig Zeit uns das Internet für den Spaziergang gönnte.

»Seid ihr auch schon da?«, begrüßte uns Martin mit schlechter Laune und senkte direkt wieder seinen apathischen Blick Richtung Teller.

»Hallo Martin, schön, dich zu sehen. Willst du uns nicht wenigstens umarmen?«, forderte Sarah ihn auf. Widerwillig erhob er sich und gab ihr zwei Begrüßungsküsschen auf die Wange. Umständlich wie immer, aber weniger herzlich als sonst. Mir nickte er nur kurz zu.

Dass Juliana nicht mitkommen konnte, war ja von Anfang an klar gewesen, das ging ja rein technisch überhaupt nicht. Deshalb hatte ich es ja als so dreist empfunden, dass sie es selber vorgeschlagen hatte. Zum einen wäre es jetzt natürlich ein innerer Triumph gewesen, ihn auffliegen zu lassen, zum anderen wollte ich ihn auch nicht verletzen. Wie ich das Ganze ansprechen sollte, darüber hatte ich mir die ganze Nacht und den ganzen Weg das Hirn zermartert, hatte aber trotzdem keine Idee. Zum Glück kam mir Puschi zuvor.

»Juliana ist zu Hause geblieben«, sagte er, dabei war das ja offensichtlich. »Wir haben uns gestritten.«

»O nein!«, erwiderte Sarah teilnahmsvoll. »Was ist passiert?«

»Juliana ist …« Martin stockte, schluckte schwer und sprach dann leise weiter. »Sie ist irgendwie verändert.«

»Streit kommt in den besten Familien vor«, versuchte ihn Sarah aufzumuntern. »Sie wird es schon nicht so gemeint haben.«

»Du verstehst das nicht.« Martin guckte aufs Wasser und sah echt schlecht aus. »Das hier war etwas ganz Besonderes. Einzigartig. Und jetzt?«

»Was ist denn genau passiert?«, wollte Sarah wissen.

»Bis gestern war eigentlich alles in Ordnung«, fing Puschi an zu erzählen, »und dann mit einem Mal wurde sie so … so widerspenstig.«

»So sind wir Frauen«, lachte Sarah und versuchte, ihn aufzuheitern.

»Juliana war anders«, berichtete Martin weiter, »aber auf einmal diese Veränderung. Und dann der Genitiv! Das kam auch ganz plötzlich dazu. Ihr wisst ja, da bin ich außerordentlich empfindlich. Es heißt nun mal nicht wegen dem Streit, sondern wegen DES STREITES.«

»Aber wegen eines Streites ist doch noch nicht alles verloren«, meinte Sarah aufmunternd.

»Ich weiß nicht«, meinte Martin und sah uns nachdenklich an. »Ich glaube, es ist eher etwas Grundsätzliches.«

Es war verblüffend, wie Martin die Sache umschiffte. Er musste ja davon ausgehen, dass Sarah wusste, dass Juliana keine reale Person war. Dennoch gab er sich nicht die Blöße. Dr. Frankenheimer schien ganze Arbeit geleistet zu haben. Die Umprogrammierung der Künstlichen Intelligenz war ihm zweifelsohne gelungen. Puschi schien »seine« Juliana kaum wiederzuerkennen. So sehr es mir um Martin leidtat, so erleichtert war ich, dass der Spuk endlich ein Ende hatte.

Mann, war das ein komisches Wochenende«, sagte Sarah auf dem Rückweg nach Hamburg, nachdem wir schon eine Zeit still nebeneinander gesessen hatten, ich am Steuer, sie am Handy. Sie legte es auf das Armaturenbrett und sah aus dem Fenster.

»Fand ich auch«, antwortete ich. »Was hat Frankenheimer eigentlich damit gemeint, als er sagte, deine Technik-Tendenz ändert sich?«

»Hmm …« Sarah wirkte in sich gekehrt. »Die Mathematik der Maschinen macht mir irgendwie Angst.«

»Dir?« Ich war erstaunt. »Du bist doch die, wie hatte es der Professor formuliert, die erlebnisorientierte Aktivistin!«

»Ja, schon«, überlegte Sarah laut, »vielleicht ist das auch Teil des Problems. Die Künstliche Intelligenz berechnet, analysiert, prognostiziert. Will für jeden genau das Richtige. Aber wo bleibt denn da die Spontaneität? Etwas zu machen, was man noch nie gemacht hat, Leute zu treffen, die völlig anders sind als man selbst – das macht das Leben doch aus. Dinge zusammenbringen zum Beispiel, die nicht zusammengehören, aber am Ende dann doch irgendwie zusammenpassen.«

»Wie eine erlebnisorientierte Aktivistin und ein neurotischer Virtuose?«, schlug ich vor.

Sarah musste lachen.

»Ganz genau«, meinte sie und nahm dabei ihr Telefon wieder vom Armaturenbrett. »Den würde ich nach einer Falschmeldung aber nicht gleich deinstallieren, die Wetter-App schon.«

Und mit einem Klick war die App Geschichte.

X.
Surfst du noch, oder lebst du schon?

O *xc000000f-Fehler* stand dort auf einem leuchtend blauen Bildschirm, direkt unter *Der PC muss repariert werden*. Ich hatte nichts anders gemacht als sonst – lediglich den Laptop eingeschaltet. Man konnte es nicht verleugnen, der Computer und ich, wir blieben auf Kriegsfuß. Ich wurde das Gefühl nicht los, gerade mir, dem digitalen Dilettanten, machte er es extra schwer. Wenn Sarah am PC saß, schien immer alles zu laufen. Mit Leichtigkeit flogen ihre schlanken Finger über die Tasten, Fenster öffneten und schlossen sich in atemberaubender Geschwindigkeit. Der Computer gehorchte ihr auf den Klick. Und bei mir? Ich hatte nur den Einschaltknopf gedrückt, und nun stand dort:

Sie müssen die Wiederherstellungstools auf dem Installationsmedium verwenden. Falls Sie kein Installationsmedium besitzen, wenden Sie sich an den Systemadministrator oder den PC-Hersteller.

Ich besaß kein Installationsmedium, ich besaß noch nicht einmal das Wissen, auch nur zu erahnen, was ein Installationsmedium überhaupt ist, geschweige denn, wie dieses funktioniert. Einen Systemadministrator hatten wir leider auch nicht zu Hause. Obwohl Sarah sich ja immer um alles kümmerte. Eigentlich war sie so etwas wie der Systemadministrator unserer Beziehung. Ob das für die Reparatur eines Laptops reichte, wagte ich allerdings zu bezweifeln.

Aber ich würde mich diesmal nicht kleinkriegen lassen. Immerhin hatte Dr. Frankenheimer mir positive Tendenzen in Bezug auf die Technik attestiert. Und nach einem längeren inneren Kampf hatte ich mich dazu durchgerungen, endlich ein neues Kapitel aufzuschlagen. Nachdem ich bei Wolf auf dramatische Weise erfahren hatte, wie schlecht es um meine Kondition bestellt war, wollte ich nun endlich wieder mit Sport starten. Ich war sogar bereit, mich dafür dem Diktat der Daten zu unterwerfen und eine Smartwatch zu kaufen. Sogar online! Trotz Kreditkarten-Betrug-Im-Internet-Angst und mit der wilden Entschlossenheit, meine E-Mail-Adresse preiszugeben, wohl wissentlich, dass ich damit potenziell eine Welle von Viagra-Mails provozierte. Darüber hinaus war ich bereit, sogar die Nutzungsbedingungen zu akzeptieren und mich für den Rest meiner Tage von einem Cookie verfolgen zu lassen.

Online gingen die Uhren ja bekanntlich anders, und meine Gesundheit ging vor. Mit anderen Worten, ich ging einen Schritt auf den Computer zu, ich war zur Versöhnung bereit. Aber dann das.

Die Anwendung oder das Betriebssystem konnte nicht geladen werden, da eine erforderliche Datei fehlt oder Fehler enthält.

Mir fehlte hier auch etwas und zwar in gehörigem Maße: Geduld. Ich klappte frustriert den Laptop zu und ging in die Küche, um mir erst einmal einen Kaffee zu machen. Im Flur fuhr mir ausgerechnet jetzt auch noch Schatzi, der Saugroboter, entgegen. Ich spürte seinen spöttischen Blick, und als wir auf einer Höhe waren, kickte ich ihn mit dem Fuß in die Besenkammer und schloss schnell die Tür. Sofort ging es mir ein bisschen besser.

Mit frischem Röstaroma in der Nase kehrte ich wenig später zum Laptop zurück. Der Tatort war unverändert, der Tote lag noch an Ort und Stelle und rührte sich nicht. Die vom System geforderte »Wiederherstellung« war offensichtlich nicht von selber eingetreten. Nach dem Aufklappen gab es also lediglich ein Wiedersehen mit dem blauen Startscreen und der kryptischen Fehlernummer. Ich nahm mein Handy zur Hand und gab den Namen des Computerherstellers ein. Auf der Homepage fand ich ein kleines Symbol mit einer Sprechblase, auf das ich klickte. Ein Fenster öffnete sich, und ein Chatbot begrüßte mich freundlich.

Chatbot: »Hallo und willkommen! Was kann ich für Sie tun?«
   Ich: »Bildschirm ist blau.«
   Chatbot: »Bildschirm des Todes. Das ist ein bekanntes Problem und kann behoben werden.«
   Ich: »Zum Glück.«
   Chatbot: »Es ist häufig ein Kompatibilitätsproblem.«
   Ich: »Aha.«
   Chatbot: »Wurde kürzlich ein Systemupdate durchgeführt?«
   Ich: »Keine Ahnung.«
   Chatbot: »Wurde kürzlich neue Hardware installiert?«
   Ich: »Keine Ahnung.«
   Chatbot: »Wurde kürzlich ein neuer Treiber installiert?«
   Ich: »Was ist ein Treiber?«

Chatbot: »Info von Wikipedia.de: Ein Gerätetreiber, häufig kurz nur Treiber genannt, ist ein Computerprogramm oder Softwaremodul, das die Interaktion mit angeschlossenen, eingebauten oder virtuellen Geräten steuert.«

Ich: »Aha.«

Chatbot: »Wurde kürzlich ein neuer Treiber installiert?«

Ich: »Keine Ahnung.«

Chatbot: »Wurde kürzlich eine neue App installiert?«

Ich: »Keine Ahnung. Vielleicht?«

Chatbot: »Bitte überprüfen Sie die App und deinstallieren Sie diese gegebenenfalls.«

Ich: »Kann ich nicht. Bildschirm ist blau.«

Chatbot: »Bildschirm des Todes. Das ist ein bekanntes Problem und kann behoben werden.«

Ich legte das Handy auf den Tisch neben den Computer, atmete tief durch und nahm einen Schluck Kaffee. Ich sah es überhaupt nicht mehr ein, mich immer wieder aufzuregen. Das brachte sowieso nichts und den Computer zum Laufen erst recht nicht. Außerdem hatten Sarah und ich in Berlin größere Probleme gelöst, da würde ich mich von so einer Kleinigkeit bestimmt nicht aus der Ruhe bringen lassen. Ein bisschen schade war es schon, aber die Bestellung der Smartwatch konnte warten. Wen kannte ich bloß, der mir hierbei helfen konnte? Vielleicht jemand aus dem Büro? Ich dachte kurz nach, aber eigentlich war das ja klar wie Kloßbrühe. Und obwohl ich keine Lust hatte ihn zu fragen, wusste ich, ich würde ihm damit sogar eine Freude machen.

Gunnar sah sogar ein bisschen aus wie Bill Gates, dachte ich, während ich ihn beobachtete. Begleitet von einem eigenartigen Singsang der Erklärung saß er gut gelaunt an meinem Arbeitsplatz und war eifrig dabei, das Rätsel des blauen Bildschirms zu lösen. Hinter ihm hatte sich eine Traube von Kollegen gebildet, die aufmerksam alles beobachteten. Selbst Rollo, unser Systemadministrator, hatte sich dazugesellt. Es war ein offenes Geheimnis, dass sich Gunnar besser mit Computern auskannte als er, und so hatte auch er sich eingereiht. Man wusste ja nie, vielleicht lernte selbst er noch etwas dazu.

»Der tägliche WLANsinn!«, scherzte Gunnar und kicherte vergnügt über sein Wortspiel. »Sicherlich ein Treiber-Problem.«

»Die Kompatibilität?«, plapperte ich wichtigtuerisch nach, was ich beim Chatbot aufgeschnappt hatte. »Oder ein Systemupdate-Fehler?«

»Gute Idee«, erwiderte Gunnar erstaunt. »Du kennst dich ja besser aus, als ich dachte. Wir schauen mal ins BIOS.«

Sofort war ich wieder abgehängt, ich kannte lediglich Bio-Bio aus dem Supermarkt. Besser ich hielt mich hier zurück.

»Wo ist denn Jill?«, wechselte ich daher das Thema. »Die habe ich schon die ganze letzte Woche nicht gesehen.«

»Büffelt für ihre Prüfung«, antwortete Rollo. »Hat sich dafür sogar handyfreie Zeit verordnet.«

»Jill?«, gab ich ungläubig zurück. »Bei der ist das Smartphone doch wie angewachsen. Die erzählt doch immer von ihren Fans.«

»Von ihren Followern«, berichtigte mich Achim. »Nicht alles unter einen Kamm scheren!«

»Dann eben Follower«, sagte ich. »Die wollte ich weder unter den Teppich kehren noch über einen Kamm scheren. Aber wie macht Jill das denn, so fixiert, wie die auf ihr Telefon ist?«

»Handy-Hotel«, wusste Rollo.

»Handy-Hotel?«, wiederholte ich erstaunt.

»Sie hat so ein kleines Häuschen, erinnert an ein Vogelhaus«, erklärte Rollo, »und da tut sie das Telefon rein und schließt dann sogar ab. Aus den Augen, aus dem Sinn. Die mentale Hürde, mal eben draufzuschauen, wird dadurch dramatisch erhöht.«

»Krass!« Ich war überrascht, wie konsequent Jill war, das hätte ich niemals gedacht.

»Sie sagt selbst, wenn das Handy danebenliegt, kriegt sie nichts gebacken«, fügte Rollo hinzu.

»Kenn ich«, sagte ich mehr zu mir selbst als zu Rollo. In dem Moment meldete sich Gunnar wieder zu Wort.

»Erledigt!« Gunnar schob den Rechner von sich. Auf dessen Bildschirmhintergrund waren wieder Sarah und ich im Urlaub zu sehen und nicht mehr der blaue Bildschirm des Todes.

»Und was war nun das Problem?«, wollte ich wissen.

»Kann ich dir gar nicht genau sagen«, meinte Gunnar und klappte den Bildschirm zu.

Schon komisch, dachte ich, zum einen schienen sich die Algorithmen mit immer komplizierteren Rechenaufgaben zu überbieten, entschlüsselten Moleküle, kategorisierten millionenfach Röntgenbilder und überwachten chinesische Milliardenmetropolen – und dann schmiert mir nichts, dir nichts ohne Zutun der Rechner ab, und keiner weiß, warum. Irgendwie unheimlich und ehrlich gesagt überraschend … menschlich.

Maschinen waren also weder fehlerfrei noch perfekt. Ähnlich wie wir.

Rollo würde zwar argumentieren, das seien alles Anwenderfehler. Aber hatten sich einige hochtechnisierte Systeme nicht sowieso schon längst von der menschlichen Einflussnahme entkoppelt? Ihre Komponenten konnten vielleicht noch Einzelne verstehen, aber ihre Komplexität in Gänze? Das ging doch schon jetzt nicht mehr. Der größte Anwenderfehler der heutigen Zeit war ein fehlender Anwender.

Direkt am Abend ging ich mit neuem Elan ans Werk. Ich lag auf meinem Lieblingsplatz, der Couch, und der Computer lief wieder. Nun konnte mich nichts mehr aufhalten! Ich rief also die Website auf und war fest entschlossen, mich den verschiedenen Smartwatches zu widmen, da wanderte mein Blick nur für einen kurzen Moment an den Rand der Seite.

Er wollte nur abnehmen, und was dann geschah, veränderte sein Leben!

Zwanzig Minuten später war ich von »Du wirst nicht glauben, wie diese Stars von früher heute aussehen« über »7 erschreckende Fakten zum Nägelkauen, die du kennen solltest« zu »Diese Stubenkatze ist zum ersten Mal draußen, was dann passiert, glaubt dir keiner« gekommen. Mit anderen Worten, nachdem ich mich nutzlos von Link zu Link gehangelt hatte, kehrte ich leicht erschöpft und ein wenig verärgert zu meiner eigenlichen Seite zurück. Die allgemeine Online-Biosphäre, von der ja bekanntermaßen eine beträchtliche Sogwirkung ausging, war nichts gegen das ausgeprägte Versackungspotenzial, welches in diesen heimtückisch neugierig machenden Headlines steckte. Auf die Neugier folgte dann aber schnell die Ernüchterung. Ich fühlte mich an Puschi Jablonskis McDonald's-Vergleich erinnert. Das Internet machte hungrig, aber irgendwie nie so richtig satt.

Zweiter Versuch, diesmal ohne Umschweife. Ich scrollte mich durch die verschiedenen Modelle. Für mich machte das alles keinen Unterschied. Ich empfand diese endlosen Listen mit den immer gleichen Details als Zeitverschwendung. Immerhin scrollte ich mich Seite für Seite durch. Das verbrauchte ja auch Energie. Vielleicht nahm ich ja bereits ab. Unwahrscheinlich, aber ich hatte mal gelesen, dass Blitzschach-Spieler unglaublich viele Kalorien verlören, alleine durch die enorme Konzentration und den Stress. Nachdem ich, sagen wir mal mindestens fünfhundert Kilokalorien durch extrem konzentriertes Surfen bei leichtem Stress verbraucht hatte, fand ich tatsächlich ein Modell, das mir zumindest optisch gefiel. Zur Belohnung gönnte ich mir erst einmal ein Stückchen Milchschokolade mit salzigem Erdnusskaramell, meine Lieblingssorte. Die brauchte ich jetzt, schließlich hatte ich schon was geleistet! Dann ging alles ganz schnell: Produktseite, Warenkorb, Kasse und dann … CAPTCHA.

Diese kleinen grauen Boxen, die wissen wollten, ob man ein Roboter ist oder nicht, waren mit Abstand das Hässlichste, was das Netz zu bieten hatte. Allein deren Optik musste Schadprogramme und Bots doch eigentlich schon abschrecken. Diese verzerrten Buchstaben, die eine Art digitale La-Ola-Welle machten auf Hintergründen, für die die »Geschmacksverirrung« ein Kompliment gewesen wäre. Die Box, die mich aufforderte, einen sehr schlecht erkennbaren Code einzugeben, hatte einen Farbverlauf, der ein bisschen aussah wie die Farbe von Puschi Jablonskis Batik-Unterhose aus der siebten Klasse, für die er im Schwimmunterricht immer ausgelacht wurde. Ich stand also auf und holte meine Brille, um den kryptischen Code zu entziffern, und nachdem nun auch das erledigt war, ich mich noch schnell beim Online-Bezahldienst registrieren musste, der als einzige Zahlungsoption verfügbar war, und ich die TAN im Handy bestätigt hatte, beglückwünschte mich auch schon die Webseite zu dem Kauf meiner ersten Smartwatch. Bei all dem gab ich die Hoffnung nicht auf, dass zumindest die Uhr mein Leben leichter machen sollte. Im übertragenen Sinne natürlich, alles andere schien scheinbar zu viel verlangt.

Ich klappte den Laptop zu, als Sarah ins Wohnzimmer kam. Sie hatte eine Kanne Tee und zwei Tassen dabei, von der sie mir eine reichte. Sie stellte den Rest auf dem Beistelltisch ab und setzte sich zu mir auf das Sofa. Wie sollte es auch anders sein, ihr Telefon brummte in der Tasche ihres Pullovers.

»Boah ey, nie hat man seine Ruhe«, sagte sie genervt und griff zum Handy. »Ich stell das jetzt auf Flugmodus.«

»Gute Idee«, meinte ich, während ich ihr Tee einschenkte. »Jill, unsere Auszubildende, hat jetzt ein Handy-Hotel.«

»Was soll das denn sein?«, fragte Sarah und nahm den Becher entgegen.

»Da schließt sie ihr Telefon ein, ohne Witz«, erzählte ich, »damit sie besser für ihre Prüfung lernen kann.«

»Klingt verrückt, aber irgendwie auch vernünftig«, stellte Sarah fest, während ihr Blick prüfend durch den Raum schweifte. »Sag mal, hast du Schatzi gesehen?«

»Wen?«, tat ich unwissend, obwohl ich natürlich genau wusste, wen sie meinte.

»Na, unseren Staubsauger«, sagte sie.

»Ach den! Nee, keinen Schimmer, wo der steckt«, log ich. »Ist doch auch egal, ich find's mal ganz angenehm zu zweit, ohne dass hier ständig noch einer rumwuselt.«

»Stört der dich?« Sarah klang erstaunt.

Meinte sie das echt ernst? Es war doch offensichtlich, dass ich den kleinen Kollegen nicht besonders gut leiden konnte. Sarah stand auf und machte sich auf die Suche. In unserer kleinen Wohnung dauerte es allerdings keine fünf Minuten, bis sie Schatzi befreit hatte.

»Wer hat dich denn hier eingesperrt?«, redete sie mit ihm wie mit einem Haustier. »Na, hopp. Raus mit dir.«

Der Stausauger kam summend ins Wohnzimmer gefahren, Sarah ging hinter ihm her. Für einen Moment sah es so aus, als wollten mich die beiden zur Rede stellen. Lächerlich!

»Wie kommst du denn dazu, Schatzi im Schrank einzusperren?«, empörte sich Sarah und stemmte demonstrativ die Hände in die Hüfte.

»Ich habe ihn da nicht extra eingesperrt«, erklärte ich. »Vielleicht ist er falsch abgebogen?«

»Der macht doch nicht selbstständig die Tür auf, fährt in die Abstellkammer und macht die Tür dann wieder zu«, warf Sarah mir vor. »Der hat doch keine Hände und außerdem hochentwickelte Sensoren, die den Raum scannen. Der weiß, wo es langgeht und wo nicht!«

Sarah sah mich an, natürlich samt gefährlich sich aufbäumenden Augenbrauen und einem forderndem Blick, der nach einer plausiblen Antwort verlangte. Genau in diesem Moment verheddderte sich Schatzi in den Kabeln unterm Tisch. Er kam nicht mehr vor und nicht mehr zurück. Hilflos wackelte er auf dem Kabelsalat hin und her. Wir mussten beide lachen. Besser hätte er den Zeitpunkt nicht wählen können.

»Ich geb ja zu, perfekt ist er nicht«, sagte Sarah. »Von mir aus kannst du auch das Saugen wieder übernehmen. Aber dann bitte regelmäßig. Bevor du ihn allerdings einsperrst, lass ihn lieber die Bude putzen.«

»Okay«, willigte ich ein, »aber können wir ihn bitte nicht mehr Schatzi nennen?«

»Wieso?«, wollte sie wissen. »Was schlägst du denn vor?«

»Schmutzi«, antwortete ich. »Sir Schmutzi, der Erste. Er kam, sah und saugte.«

Sarah musste schmunzeln, und ich konnte nicht verleugnen, dass ich ein wenig Genugtuung verspürte, Schatzi auf das zu reduzieren, was er war: nicht putzig, sondern ein Putzroboter. Wobei, ein bisschen leid tat er mir schon, wie er sich da so hilflos in dem großen Kabelberg abstrampelte. Da wusste ich allerdings noch nicht, was es hieß, sich hilflos abzustrampeln. Die Smartwatch war schließlich erst unterwegs.

Vier Tage später traf sie ein. Die super Uhr kam per Post, nicht etwa per Drohne, in einem gewöhnlichen Karton aus Pappe. Ihre bodenständige Ankunft machte sie aber bereits beim Auspacken wieder wett. Sie sah nicht nur hochwertig aus, sondern fühlte sich auch so an. Sarah war an diesem Abend mit einer Freundin ausgegangen, und somit hatte ich Zeit, mein neues Spielzeug auszuprobieren.

Ich betrachtete die Uhr von allen Seiten. So ein kleines Ding hatte es wirklich geschafft, den großen Wolf Hartmann aus der Ruhe zu bringen? Kaum zu glauben. Mir würde das nicht passieren, ich war ja quasi vorgewarnt. Mein Ziel war klar: Mir sollte das Gerät lediglich dazu dienen, den inneren Schweinehund zu überwinden. Denn konzentriertes Surfen im Internet bei gleichzeitiger Schokoladen-Zufuhr war offensichtlich doch wirkungsloser als Blitzschach. Bis jetzt hatte es zumindest keine merklichen Ergebnisse produziert. Allenfalls in die andere Richtung.

Ich band mir die Smartwatch um und drückte den Anschaltknopf. Das Beamen ans Deck der Enterprise blieb zwar aus, aber immerhin leuchteten eine Vielzahl kleiner Symbole auf dem Mini-Monitor und brachten so zumindest ein bisschen Science-Fiction-Feeling in unser angestaubtes Wohnzimmer. Allerdings merkte ich sofort, warum es wichtig war, schnell abzunehmen, denn selbst meine Finger schienen zu dick, um auf dem kleinen Display gut zu navigieren. Mit Ach und Krach

erwischte ich die Funktionen, und scheinbar hatte ich mich ver-
tippt, denn plötzlich zeigte das Gerät »Blutsauerstoff-Messung«
an, und ein Sekundenzähler startete. Was passierte jetzt, würde
die Uhr eine Nadel ausfahren und mir in den Arm piksen? Sofort
riss ich sie mir vom Handgelenk und warf sie in die Box zurück.

Nachdem ich den Schreck verdaut hatte, inspizierte ich genauestens mein Handgelenk. Es war kein Einstich zu sehen. Langsam
näherte ich mich der Box und schaute vorsichtig über den Rand.
Auch aus der Uhr ragte kein langer Dorn wie vermutet. Dann fiel
mir ein, dass ich vielleicht auch Blutsauerstoff- und Blutzuckermessung verwechselt hatte. Bei den ganzen Funktionen, die diese
Dinge heutzutage hatten, konnte man aber auch gewaltig durchei-
nanderkommen. Ich sollte besser jemanden fragen, der sich damit
auskannte, auf einen Tag mehr oder weniger kam es jetzt auch
nicht mehr an. Auf den Schreck gönnte ich mir erst einmal ein
Stück Schokolade. Zum Glück war noch was von der Sorte mit
dem salzigen Erdnusskaramell übrig. Vielleicht auch besser, dass
die Uhr keine Blutzuckermessung hatte.

Am nächsten Tag in der Kantine fragte ich Gunnar also ein zweites Mal um Rat. Nachdem er meinen Laptop wieder zum Laufen
gebracht hatte, war ich ihm sowieso noch etwas schuldig gewesen. Ich lud ihn ein, und nun saßen wir gemeinsam beim Mittagessen, er aß Salat und ich Currywurst. Wenn es jemanden gab,
der mindestens genauso gut über technische Spielereien Bescheid
wusste wie das Internet, dann war es Gunnar. Ein wandelndes
Vergleichsportal aus Fleisch und Blut sozusagen.

»Ich kenne keinen, der sich mit Technik und Fitness besser aus-
kennt als du. Ich muss alles wissen«, bat ich ihn und biss beherzt
in meine Wurst. »Aber viel wichtiger, wie geht es dem Baby und
Gabriela?«

»Alle wohlauf. Die Kleine ist total süß. Wir sind beide Hals über Kopf verliebt, aber die Nächte sind brutal kurz!« Erst jetzt bemerkte ich Gunnars Augenringe unter seiner Brille. Er sah echt fertig aus, aber selbst das schien ihm nichts anzuhaben. Gunnar war wie eine Maschine auf gute Laune programmiert.

»Wow«, sagte Gunnar, als ich ihm die Packung meiner neuen Uhr zeigte, »die hat schon den S6 Chip auf Basis des A13 Bionics.«

Bahnhof war das, was ich verstand.

»Mit Blutsauerstoffmessung«, stellte er begeistert fest. »Hast du das schon ausprobiert?«

»So halb«, antwortete ich unsicher.

»Verstehe«, meinte Gunnar, obwohl ich mir sicher war, dass er keinen blassen Schimmer hatte. Aber wahrscheinlich gab es auch niemanden, der sich beim Auspacken einer Uhr so anstellte wie ich. Schließlich war das ganze Internet voll von sogenannten Unboxing-Videos, wo ständig irgendwer irgendetwas auspackte. Eine Killeruhr mit Giftspritze hatte ich dort bisher noch nie gesehen.

»Die Funktionen testet man auch am besten beim Training«, schlug Gunnar vor. »Ihr kommt am Wochenende zu uns. Dann lernt ihr das Baby kennen, und wir drehen gemeinsam eine Runde.«

Gunnar machte sich über seinen Salat her. Mein Teller war schon fast leer. Mal wieder hatte ich zu schnell und hastig gegessen. Die Currywurst lag mir wie ein Stein im Magen, und das Fresskoma war im Anmarsch. Aber mit der Ruhe war es jetzt vorbei. Wie ich den Lauf gegen Gunnar überleben sollte, war mir ein Rätsel. Auf keinen Fall durfte ich mich so blamieren wie bei Wolf. Immerhin war diesmal nicht nur Gunnar dabei, sondern auch die neue Uhr. Wenn ich mich schon auf die neue Technik einließ, wollte ich auch einen guten ersten Eindruck hinterlassen.

Vorher war allerdings noch eine andere Sache dran, die mir ähnlich schwer im Magen lag wie die Currywurst: das Jahresgespräch mit dem Chef. Ich schleppte mich also aus der Kantine direkt in Richtung seines Büros, und bereits, als ich in Sichtweite kam, machte Frau Wulff hektische Zeichen und deutete auf einen Stuhl direkt vor ihrem Schreibtisch. Ich ließ mich fallen wie ein nasser Sack, besann mich aber in letzter Sekunde und setzte mich kerzengerade hin. Einen guten Eindruck musste ich schließlich auch vor der Sekretärin machen. Jahresgespräche waren ja im Grunde auch nichts anderes als ein ständiger Wettlauf. Warum musste nur alles immer so anstrengend sein? Ich wünschte mir sehnlichst eine Mittagspause, aber das Schicksal meinte es nicht gut mit mir.

»Herr Dr. Liebermann möchte, dass Sie vor dem Gespräch einen kleinen Test machen«, sagte Frau Wulff und deutete auf den Laptop, der vor ihr stand, allerdings in meine Richtung gedreht.

»Einen Test? Wieso das denn? Ich sehe ihn doch gleich da drinnen«, gab ich meiner Verwunderung Ausdruck und zeigte auf die Tür.

»Keine Sorge, es dauert höchstens fünf Minuten«, meinte sie und fügte leise flüsternd hinzu: »Sie kennen doch unseren Chef. Er hat schon wieder etwas Neues entdeckt …«

Ich erinnerte mich an den vertrockneten Bonsai, ein Trend aus längst vergangenen Tagen. Beim letzten Besuch war es ein Stehschreibtisch, ein ultraflacher Laptop und ein Dschungel voller Post-its gewesen, die das Bild prägten. Nun also ein Test. Hurra!

Aber es half ja nichts. Ich startete das Programm, und auf dem Bildschirm erschienen eine Menge Wörter, alles Adjektive. Ich sollte ankreuzen, welche davon am ehesten mein Verhalten beschrieben. »Müde« stand nicht auf der Liste. Egal, ich klickte trotzdem fleißig vor mich hin und kam auf eine zweite Seite. Erst dachte ich an ein Déjà-vu, aber dann bemerkte ich, dass es sich zwar um dieselben Wörter handelte, aber darüber war zu lesen: *Beschreiben Sie das Verhalten, das andere von Ihnen erwarten.* Ich kreuzte alles Mögliche an, unter anderem »dynamisch«, dabei musste ich über mich selbst schmunzeln. Frau Wulff sollte aber recht behalten. Das Ausfüllen war extrem schnell erledigt, und bereits wenige Minuten später betrat ich Liebermanns Höhle. Sieh an, die Post-its waren verschwunden. An der Wand hing nun ein nigelnagelneuer Flachbildschirm, der allerhand Statistiken zeigte. Herr Dr. Liebermann stand hinter seinem Stehschreibtisch und sah von seinem Notebook auf, als ich eintrat. Mir fiel auf, dass seine letzten verbliebenen Haare noch feucht waren.

»Der Einsiedler!«, begrüßte er mich fröhlich.

»Liegt ja schon ein paar Monate zurück«, antwortete ich, weil ich nicht wusste, was ich anderes sagen sollte.

»Aber wird immer mehr zum Trend!« Herr Liebermann hielt sein Handy hoch. »Wie beim Smartphone. Abschalten und Aufladen ist wichtig. Ohne vollen Akku keine Top-Performance.«

Nach dem Mittagessen befand sich mein Akku im roten Bereich. Ich brauchte keine Performance, ich brauchte Espresso. Dr. Liebermann hingegen wirkte wie ausgewechselt. Er trug wieder diesen Kapuzenpulli und, ich konnte es kaum glauben, leuchtend weiße Turnschuhe.

»Effektiv und effizient, sage ich immer. Dafür ist die Digitalisierung Gold wert. Ich nutze die Mittagspause jetzt immer für einen kleinen Workout«, erklärte er. »Die Smartwatch zeichnet alles auf. Die Daten sammeln sich schließlich nicht von selbst.«

Jetzt fiel mir zum ersten Mal auf, dass auch er eine neue Uhr am Handgelenk trug, und tatsächlich wirkte er sogar etwas schlanker als sonst.

»Das wird mein Jahr«, freute er sich, selbstzufrieden wie er war. »Wollen wir mal schauen, wie es so um Sie bestellt ist. Ah, sehr schön. Das System hat den Test bereits ausgewertet.«

»Was wird denn da ausgewertet?«, wollte ich wissen.

»Ihre Motivation und Ihr innerster Antrieb«, erläuterte er. »Und vor allem, ob diese zu Ihrem Jobprofil passen. Wir sammeln jetzt Datenpunkte von allen Mitarbeitern, und diese werden automatisch mit einer Datenbank abgeglichen, in die jährlich über drei Millionen Profile aus aller Welt einfließen. Da sag noch mal einer, wir können nur kleinklein. Jetzt kommt Big Data ins Spiel. Das wird unseren Einstellungsprozess revolutionieren und das Jahresgespräch objektivieren. Sie sind das beste Beispiel.«

»Ich?« Jetzt war ich aber gespannt.

»Ja. Sie«, sagte er und schaute über den Rand seiner Brille in die Auswertungen auf dem Laptop. »Sie sind überhaupt nicht so abgeschlafft, wie Sie aussehen. Sagt zumindest der Computer. Der Schein trügt. Ihre digitale Beurteilung attestiert Ihnen eine gute Passung zu Ihrem Job.«

»Danke«, sagte ich erstaunt.

»Danken Sie nicht mir, danken Sie der Technik. Ohne die hätte ich Sie, milde ausgedrückt, etwas ›subjektiver‹ bewertet.« Liebermann sah auf seine piepende Smartwatch. »Mein Cardio-Check-up wartet. Frau Wulff gibt Ihnen die Online-Zugangsdaten für das neue Feedback-Programm. Da können Sie alles nachlesen. Bonus wird überwiesen. Wir sind fertig, oder? Die Zeit drängt! Hält einen ganz schön auf Trab, dieser ganzer Fortschritt.«

Die Obrigkeit verließ lachend im Stechschritt das Büro, das Subjekt blieb zurück. Auf der Fensterbank hielt dürr und durstig der Bonsai die Stellung und wartete auf bessere Zeiten. Oder zumindest auf den Anschluss an ein automatisiertes Bewässerungssystem.

Sarah hatte wohl die nassen Sportsachen auf dem Wäscheständer bemerkt und kam überrascht ins Wohnzimmer. Ich saß frisch geduscht auf der Couch und genehmigte mir ein alkoholfreies Bier.

»Wer hat denn hier Sport gemacht?«, fragte sie verwundert. »Doch nicht etwa du?«

»Ich musste mal den Kopf frei kriegen«, antwortete ich. »Der Liebermann spinnt jetzt komplett. Ich hatte heute Jahresgespräch.«

»Ach, echt?«, meinte Sarah. »Das wusste ich gar nicht. Was hat er denn gesagt?«

»Nichts«, gab ich zurück. »Das Feedback macht jetzt eine Software. Liebermann ist voll im Daten-Fieber.«

»Wenn alles sein Computer übernimmt, was macht er denn dann den ganzen Tag?«, wollte Sarah wissen.

»Gute Frage«, erwiderte ich. »Rumcheffen hat er auf jeden Fall nicht verlernt. Er trägt jetzt sogar Turnschuhe.«

»Der Dr. Liebermann in dem ausgebeulten Tweedsakko?«, hakte Sarah ungläubig nach und setzte sich zu mir auf die Couch. »Ohne Witz jetzt?«

»Sakko trägt er auch nicht mehr. Er hat jetzt einen Hoodie!«, erklärte ich.

»Wer hätte das gedacht«, sagte Sarah erstaunt, nahm sich meine Flasche und trank einen Schluck.

»Ja, oder? Eigentlich widerlegt er damit seine eigene These«, stellte ich fest.

»Wie meinst du das?«, erkundigte sich Sarah.

»Das große Versprechen von Big Data ist doch, die Zukunft besser vorauszusagen«, erläuterte ich. »Dazu werden große Datenmengen aus der Vergangenheit analysiert und diese mehr oder weniger linear in die Zukunft fortgeschrieben. Beim alten Liebermann bleibt aber kein Stein auf dem anderen. Zwanzig Jahre hat der seinen Stiefel durchgezogen und bis ins kleinste Detail optimiert, und jetzt wirft er alles über den Haufen. Er erfindet sich von gestern auf heute komplett neu. Das ist nicht linear, das ist unfassbar.«

»Paradox«, meinte Sarah, »aber macht die Digitalisierung das nicht ständig? Die Zukunft wird doch eher immer unberechenbarer. Sind nicht bahnbrechende Innovationen gewissermaßen das Gegenteil von Linearität?«

»Stimmt«, antwortete ich nachdenklich, »apropos Linearität, Gunnar und Gabrielas Tochter heißt übrigens Linnea.«

»Voll süß«, sagte Sarah. »Viel besser als Siri.«

»Wir sind am Wochenende eingeladen, um die Kleine mal kennenzulernen«, erzählte ich.

Von meinem Lauf mit Gunnar erzählte ich erst einmal nichts. Ich wollte Sarah nicht überfordern. Insbesondere die Smartwatch hatte sie ja bei Wolf stark kritisiert. Meine eigene Wandlung von Comfort Zone zu Disruption würde also auch nicht linear verlaufen. Die Prognosen waren auch hierfür unberechenbar. Es blieb paradox. Wie die Digitalisierung.

Als wir zu Gunnar und Gabriela fuhren, ließ ich die Katze aus dem Sack oder, besser gesagt, die Uhr aus dem Ärmel. Während Sarah unser Auto auf der A23 in Richtung Pinneberg lenkte, verkündete ich mein persönliches Systemupdate.

»Bitte krieg keinen Schreck«, warnte ich sie vor. »Dass ich mit Laufen angefangen habe, weißt du ja bereits. Heute zünde ich die zweite Stufe. Gunnar und ich werden meine neue Smartwatch einweihen.«

»Was? Das ist doch jetzt nicht dein Ernst, oder?« Dass Sarah emotional reagieren würde, darauf war ich ja bereits gefasst. Verständnislos schüttelte sie nun den Kopf und sagte: »Was willst du denn damit?«

»Für ein besseres Training nutzen«, antwortete ich und fügte zu meiner Verteidigung hinzu: »Keine Sorge, ich werde das etwas entspannter angehen als dein Vater.«

»Der hat sich die Uhr bestimmt auch nicht gekauft, um nervöser zu werden«, gab Sarah zynisch zurück. »Man rutscht da so rein. Denk dran, was Martin uns damals erzählt hat.«

»Ja, ja. Alles richtig. Ich teste das heute erst einmal«, versuchte ich das Ganze etwas runterzuspielen.

»Mmmh …« Sarah klang wenig überzeugt. »Bimmelt die dann auch noch die ganze Zeit? Ehrlich gesagt, nervt mich schon das Smartphone immer mehr. Ich hab sogar über dieses Handy-Hotel nachgedacht.«

Gerade als ich ihr antworten wollte, klingelte mein Telefon … und gleichzeitig meine neue Uhr. Sarah verdrehte die Augen, als sei das alles ein schlechter Scherz. Eben hatten wir noch über ihn gesprochen, jetzt erschien Martin Jablonskis Konterfei auf dem Display. Ich tippte auf die Uhr und nahm den eingehenden Anruf an.

»Hallo?«, war Puschis Stimme aus dem kleinen Kasten an meinem Handgelenk zu hören.

»Moin«, begrüßte ich ihn. »Wie ist die Lage in Berlin?«
»Ich kann dich ganz schlecht verstehen«, schepperte es aus der Uhr zurück.

»Ich hör dich gut«, schrie ich in die Box.

»Musst du so schreien?«, fragte Sarah genervt.

»Hallo, hallo«, kam es wieder aus der Uhr, »hörst du mich?«

»Ja«, sagte ich leise.

»Jetzt hab ich was gehört«, freute sich Martin am anderen Ende, »aber sprich mal lauter!«

»Geht gerade nicht. Wir sind unterwegs. Lass uns besser morgen telefonieren«, schlug ich vorsichtshalber vor, um die Stimmung nicht noch weiter zu strapazieren.

»Okay!«, tönte es aus der Uhr. »Gibt gute Neuigkeiten. Erzähle ich dann morgen.«

»Tschüss«, verabschiedete ich mich, und das Gespräch war beendet.

»Ach herrje. Jetzt hast nicht nur du so eine dämliche Uhr, sondern Jablonski auch noch Neuigkeiten.« Sarah schien das Schlimmste zu befürchten. »Gut, dass wir bereits angeschnallt sind.«

Ich fand, dass er eigentlich ganz positiv klang. Aber das war aktuell kein Adjektiv, das in unser Auto passte. Seit aus Wolf Hartmann der Smartmann geworden war, hatte Sarah alles zunehmend kritischer gesehen.

»Und weißt du, was mich am meisten nervt? Diese ständige schlechte Verbindung! Man hat das Gefühl, je mehr Leute telefonieren, desto weniger Empfang ist für alle da«, philosophierte sie gedankenverloren vor sich hin. »Manchmal wünsche ich mir Dinge zurück, bei denen ich mir sicher war, dass ich sie nie vermissen würde.«

»Zum Beispiel?«, wollte ich wissen.

»Festnetz«, sagte sie und kam vor einer roten Ampel zum Stehen. Das passte zu Pinneberg, durch das wir jetzt fuhren. Grau in Grau präsentierte sich die kleine Stadt und wirkte dabei ein bisschen trostlos, gleichzeitig aber auch angenehm gewöhnlich. Vielleicht war es genau das, was fehlte. Alles war heutzutage laut und hektisch, musste immer schneller und bunter sein. Alles musste besonders sein. Es gab keinen Platz mehr für das Normale und das Gewöhnliche. Erst recht nicht in Gunnars Smart Home, wo wir schon bald ankamen.

»Schön warm bei euch«, bemerkte Sarah, während sie sich die Jacke auszog. Gunnar zögerte natürlich keine Sekunde und stieg sofort darauf ein. Er war einfach hoffnungslos konditioniert. Sein ganzes Smart Home war ein einziger Pawlow'scher Reflex.

»Das digitale Thermostat merkt sich jede Temperaturveränderung«, erklärte er stolz. »Wenn ich es verstelle, wird das vom Gerät registriert, und so lernt es jedes Mal dazu. Es weiß, wann wir zu Hause sind und in welchen Räumen wir uns befinden, um immer für das optimale Klima zu sorgen.«

Jetzt ging das schon wieder los, dachte ich. Inzwischen gehörte sogar die Heizung zum innersten Kreis der Familie. Fehlte nur noch, dass sie ihre Abkühlungsphasen im gemeinsamen Online-Kalender ankündigte. Auch Sarah schien das den Rest zu geben. Sichtlich bemüht versuchte sie, die Fassade aufrechtzuhalten, und präsentierte Gunnar ihr bestes gespieltes Lächeln. Vieles war also gleich geblieben in Gunnars Haus der Zukunft. Und doch gab es eine klitzekleine Veränderung. Von ungefähr sechzig Zentimetern, um ganz genau zu sein. Denn in diesem Moment betrat Gabriela das Wohnzimmer und hatte ihre gemeinsame Tochter auf dem Arm.

»Perfekte Temperatur für ein Baby«, hieß sie uns willkommen und gab Gunnar damit deutlich zu verstehen, dass es wichtigere

Dinge im Leben gab als selbst lernende Thermostate. »Das ist die kleine Linnea.«

»Oh, zuckersüß«, sagte Sarah, schaute das Baby verliebt an und streichelte ihm vorsichtig über den Kopf.

Gunnar war merkwürdig still. Verlegen stand er daneben und wusste nicht so recht etwas mit sich anzufangen. Dann flüsterte er mir leise zu: »Hast du die Smartwatch mitgebracht?«

Bis er sich an die neue Vaterrolle gewöhnt hatte, blieb die Technik Gunnars Baby. Erleichtert atmete er auf, als das Aluminiumgehäuse der Uhr unter meinem Ärmel zum Vorschein kam.

Der Trainingsparcours mit Gunnar wurde zur Tortur. Ich kam mir in meinen neuen Neon-Sportklamotten nicht nur lächerlich vor, ich kam vor allem nicht hinterher. Obwohl er seinen sportlichen Eifer sichtlich im Zaum hielt, war er immer noch viel schneller als ich und redete dabei ohne Punkt und Komma. Er drückte auf seine Uhr, er drückte auf meine Uhr, er referierte, kommentierte und explizierte. Und in den Momenten, in denen er nichts sagte, piepte eine der beiden Smartwatches. Als wir fertig waren, war ich fertig. Mit letzten Kräften schleppte ich mich die Treppe rauf bis ins Badezimmer. Ich lehnte mit dem Rücken an der geschlossenen Badezimmertür und schnappte nach Luft. Ich wusste nicht, was anstrengender gewesen war, der Lauf oder Gunnars permanentes Gerede. Und die Uhren wollten auch noch unsere Aufmerksamkeit. Ich brauchte jetzt dringend eine Pause und freute mich auf eine lange, heiße Dusche zur Entspannung. Also zog ich die verschwitzten Klamotten aus und stieg in die Kabine. Genau in dem Moment als ich merkte, dass die Armatur fehlte, hörte ich die Stimme.

»Schön, dass du da bist.«

Ich zuckte erschrocken zusammen und bedeckte reflexartig meinen Schambereich.

»Bitte wähle dein Duschprogramm: normal, weich oder Massagestrahl?«

Ich hätte heulen können. Ich wollte einfach nur in Ruhe duschen. Musste einen die Digitalisierung wirklich bis in den letzten Winkel verfolgen, gab es bald überhaupt keinen Rückzugsraum mehr? Das war doch alles nicht mehr …

»Normal«, sagte ich, und das Wasser plätscherte aus der Dusche.

Ich wies die Sprachsteuerung an, still zu sein, schloss die Augen und ließ mir das heiße Wasser über den Kopf laufen. Sarah hatte recht. Alles nervte: die Klingeltöne, die Berechenbarkeit der Algorithmen, die oberlehrerhafte Künstliche Intelligenz, die alles besser wusste, weil sie alles besser wusste. Aber das war für mich ja nichts Neues. Das hatte ich von Anfang an gewusst. Die bittere Wahrheit war eine andere. Das Internet war nicht schlecht. Das Internet war gut. Zu gut. Es war nicht nur besser als sein Ruf, es war viel besser. Deshalb wollten alle immer mehr davon. Es machte das Leben leichter, ob es nun um das Jahresgespräch mit dem Chef ging oder darum, die große Liebe online zu finden. Und es machte einfach Spaß, auf dem Handy zu daddeln. So viel Spaß, dass man nicht merkte, dass es einen auf Dauer auslaugte, dass man unkonzentrierter wurde, erschöpft, launisch. Das Internet machte einen zu einer bessere Version seiner selbst, bis man in den Spiegel schaute und die Augenringe sah. Wenn man überhaupt noch in den Spiegel schaute, dafür nutzten die meisten ja auch bereits ihr Handy. Da konnte man über die Augenringe einfach einen Filter legen und einfach weitermachen.

»Stopp!«, sagte ich und hielt meine Gedanken und gleichzeitig den Wasserstrahl an.

Ich stieg aus der Dusche und sah mich nach einem Handtuch um. Natürlich hatte Gunnar auch diese abgeschafft und einen Ganzkörpertrockner installiert. Dieser Mann musste wirklich jeden Blödsinn haben. Als ich runter ins Wohnzimmer kam, saßen bereits alle am gedeckten Tisch. Der Thermomix surrte vor sich hin, und die kleine Linnea schlief seelenruhig in ihrer Wiege. »Und?«, fragte mich Gunnar neugierig. »Kein Nachschwitzen? Genial, oder?«

Er erklärte mir, dass man bei dieser Art der Trocknung die oberste Hautschicht nicht abrieb und deshalb weniger schwitze. Seinen fachmännischen Vortrag kriegte ich nur halb mit, ich war zu müde. Ob das vom Laufen oder vom Smart Home kam, konnte ich nicht genau sagen. Aber ich war froh, als wir uns verabschiedeten. Wir gingen zum Auto, setzten uns rein, schlossen die Türen und sahen uns wortlos an. Dann startete Sarah den Motor und meinte nur: »Handy-Hotel. Bevor es zu spät ist.«

Ahhh«, schrie ich auf, als ich mein Handy entsperrte. Sarah hatte mir ein Gruselbild per Messanger geschickt. Das sah echt eklig aus. Ich hatte mich richtig erschrocken.

»Als Schisser durchs Netz!«, sagte Sarah lachend, als sie in die Küche kam.

»Na, ich hoffe, der ist endgültig Geschichte«, antwortete ich.

Sarah nahm mir das Smartphone aus der Hand und küsste mich.

»Hab ich dir nur geschickt, damit du merkst, dass du schon wieder online bist. Guck mal auf die Uhr: handyfreie Zeit!«

Sie hatte natürlich recht. Sofort wanderte auch mein Telefon in unser neues Handy-Hotel. Seit einigen Wochen hing das Häuschen nun neben der Garderobe direkt am Eingang. Es war verrückt, wie ein so kleines Teil eine so große Veränderung bewirkt hatte. Natürlich waren es in Wirklichkeit wir selbst gewesen, die eine konsequente Entscheidung getroffen hatten: gemeinsame Abende nur noch ohne Smartphone. Trotzdem half das Handy-

Hotel, uns daran zu erinnern und unsere Telefone in dieser Zeit zu beherbergen.

»Wahnsinn«, sagte ich zu Sarah, als wir in der Küche standen und den Salat gemeinsam vorbereiteten. »Was für eine Berg- und Talfahrt die letzten Monate waren. Musst du da auch manchmal daran denken?«

»Klar«, sagte sie, während sie Tomaten schnitt. »Ich verstehe bis heute nicht, wie man sich in einen Smartspeaker verlieben kann. Bin ich froh, dass Martin jemanden kennengerlernt hat und es ein Ende hat mit Juliana Schmidtpott.«

»Aus der 12c«, ergänzte ich grinsend und zupfte Salatblätter ins Wasser. »Gunnar und Gabriela sind aber auch nicht mehr weit davon entfernt, so viel wie die mit ihrem Smart Home reden. Hoffentlich hat ihr Baby nicht auch bald so ein komisches Spielzeug wie aus Dr. Frankenheimers Labor.«

»O Gott. Das hoffe ich auch«, antwortete Sarah und holte eine große Schüssel aus dem Schrank. »Das war schon gruselig, dieses seltsame Institut der Künstlichen Intelligenz. So Zustände wie in China will hier wirklich keiner.«

»Wir haben es selber in der Hand«, bemerkte ich. »Immerhin wissen wir durch Martin, wie abhängig uns das Internet machen kann, wenn man nicht aufpasst.«

»Kann man sich kaum vorstellen, bei dem ganzen Quatsch, den es unaufhörlich produziert«, stellte Sarah fest.

Währenddessen herrschte im Handy-Hotel reger Betrieb: Minütlich checkten Mails ein, jemand wollte wissen, ob sein Datenpaket endlich angekommen sei, das Foodselfie wartet ungeduldig auf das Abendessen, und der Warenkorb auf den Check-out. Von dem Summen und Brummen, der Hektik auf unseren Handys kriegten wir allerdings überhaupt nichts mit.

Ich gab die frisch gewaschenen Salatblätter in die Schüssel

mit der Soße. Sarah gab die Tomaten dazu und die Gurken vom Schneidebrett.

»Und weißt du noch, die Schisser-Challenge?«, fragte Sarah.

»Erinnere mich bloß nicht daran«, sagte ich entsetzt. »Mit dem Schisser bin ich fertig. Ein für allemal. Gut, dass das ein Ende hat.«

Der Salat war fast fertig. Gleichzeitig griffen wir zu Pfeffer und Salz. Unsere Hände berührten sich, und wir mussten lachen.

»Ende gut, alles gut!«, sagte Sarah und sah mich verliebt an.

Epilog

S arah und ich wurden vom Vogelgezwitscher geweckt. Die ersten Sonnenstrahlen krochen durch die Ritzen der kleinen Fenster und kündigten einen neuen Tag an. Kein Handywecker, keine Online-Nachrichten im Bett, keine WhatsApp-Witze zum Frühstück.

Es war Sarahs Idee gewesen hierherzukommen, in das winzige Schwedenhaus, in dem ich den Sommer verbracht hatte. Sie hatte ihre Handynutzung immer mehr reduziert, und irgendwie hatte das wie eine positive Verstärkung gewirkt. So ähnlich, wie wenn man sich endlich zum Sport aufraffte und in der Folge automatisch Lust auf Obst und Gemüse bekam.

Die Abstinenz schien eine gesunde Alternative zur digitalen Völlerei. Zugegeben, nach einigen Tagen vermissten wir den Online-Kosmos schon ein bisschen. Es ging nicht mit und nicht ohne. Es war wie bei Sarah und mir. Auch das Internet schien wie eine Art Ying und Yang zu sein. Es erleichterte uns den Alltag, barg aber auch Gefahren. Spielte Alexa nur den nächsten Song, oder spionierte das System uns schon aus?

Hier im Wald waren wir weit davon entfernt. Wir merkten vor allem eins: Die Tage waren länger ohne Internet. Wir hatten zwar kein Netz, aber wir hatten uns.

Und das war alles, was wirklich zählte.

Danksagung

Der größte Dank gilt meiner Frau, die mich bestärkt hat, dieses Buch zu schreiben, und fest daran glaubt, dass es sich auch zu lesen lohnt. Und deshalb gilt der zweite Dank auch schon Ihnen, liebe Leserin und lieber Leser, dass Sie es bis hierher geschafft haben, wo wir doch erwiesenermaßen eine geringere Aufmerksamkeitsspanne haben als ein Goldfisch. Wo waren wir noch gleich stehen geblieben? Ach, ja, Danksagung. Ich bin vor allem dankbar dafür, während meiner Recherche so unglaublich viel von wirklich schlauen Leuten gelernt zu haben: von Alexander Markowetz in seinem Buch »Digitaler Burnout«, von Bastian Sick über die seltsamen Verstrickungen von ihm seiner Genitivitis, von der Berliner Webseite Spreetaufe mit dem genialsten Berlinerisch-Wörterbuch, von Kay Eichner, wie man einen wirklich guten Titel textet, von den Passwort-Kryptologen von Sueddeutsche.de, und die besten verdrehten Sprichwörter habe ich auch gelernt und zwar auf Junotext.wordpress.com. Ganz besonders dankbar bin ich zudem Prof. Dr. Claudia Bünte für ihre faszinierende Kenntnis von China und dem Einsatz von Künstlicher Intelligenz und nicht zuletzt Dr. Ingo Schymanski für sein Buch »Im Teufelskreis der Lust«, dessen Titel zwar wie ein Schmuddelheft klingt, aber dessen Thesen wirklich lesenswert sind. Und zwar nicht nur als Recherche für Puschi Jablonskis wundersame Theorien, sondern als ernst gemeinter Tipp für alle Smombies, die wie ich leiden an zu viel Social Media, Mails, Apps und die damit verbundene Nervosität, Fahrigkeit und Konzentrationsstöru